Bambini coloranti impostati
Spazio, squali, Sport e Altro

Coloring Pages for Kids

Coloring Pages for Kids
An imprint of Ciparum LLC

Bambini coloranti impostati Spazio, squali, Sport e Altro
© 2017 Ciparum LLC
All rights reserved.
ISBN-10:1-63589-498-0
ISBN-13:978-1-63589-498-1

Coloring Pages for Kids

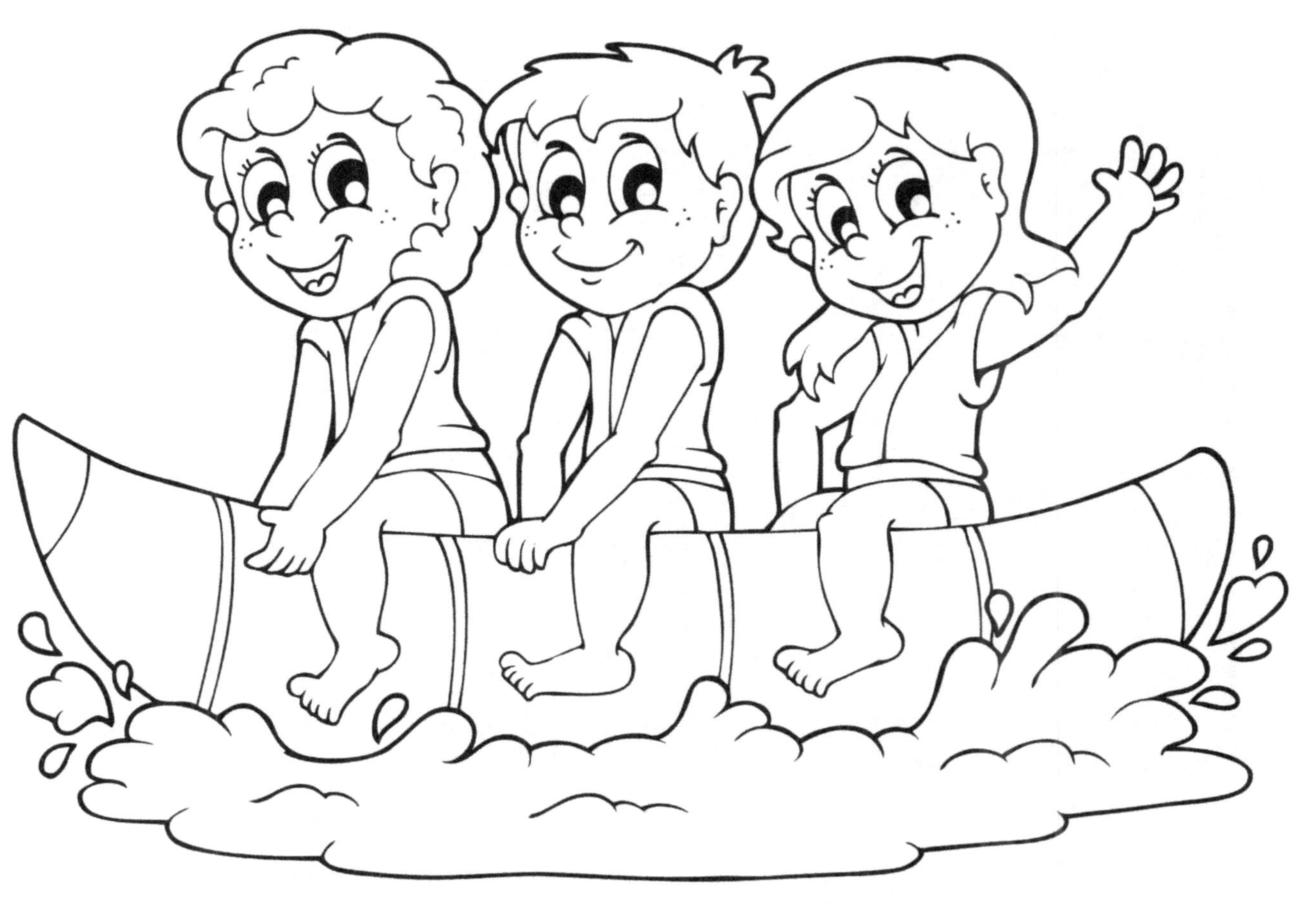

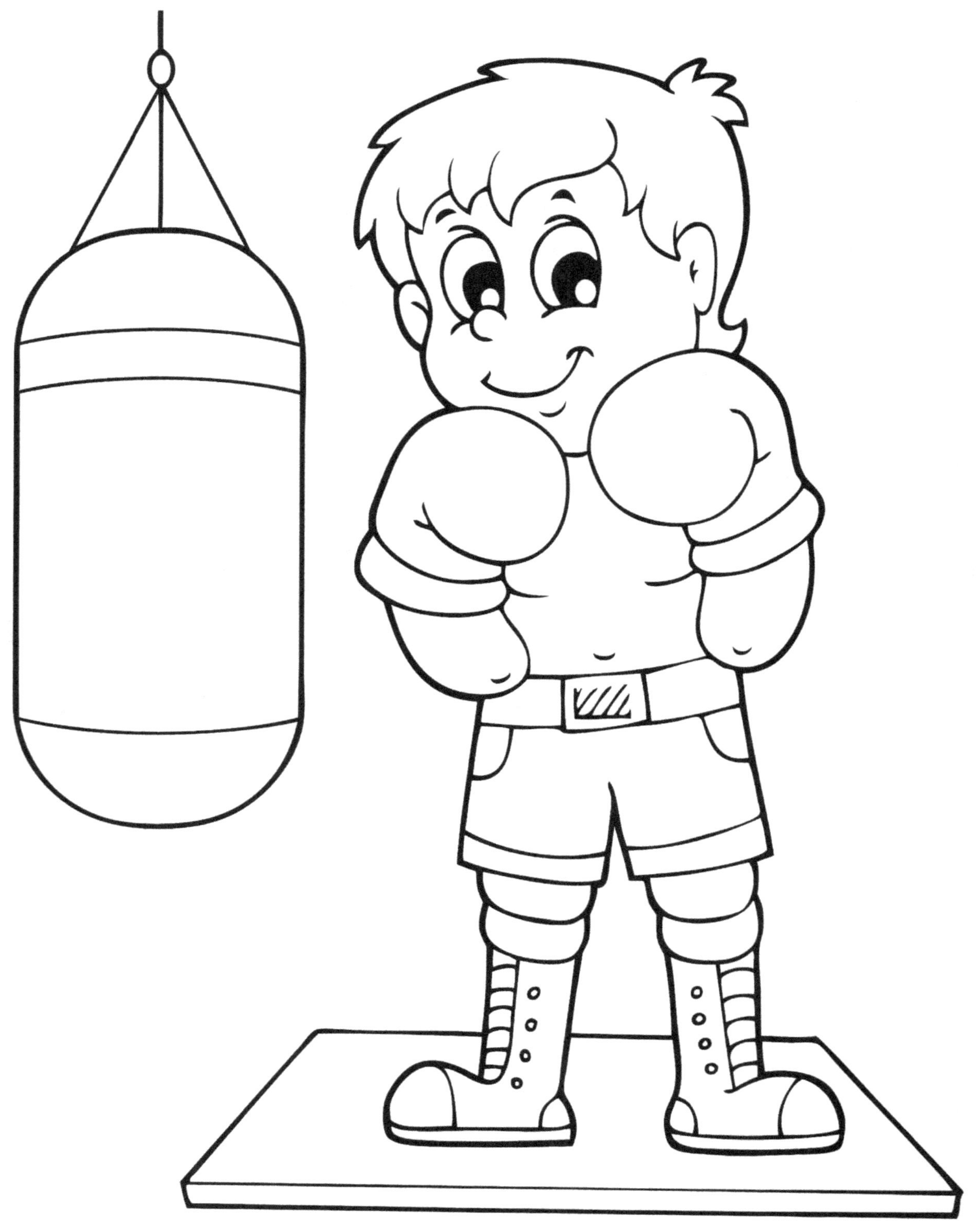

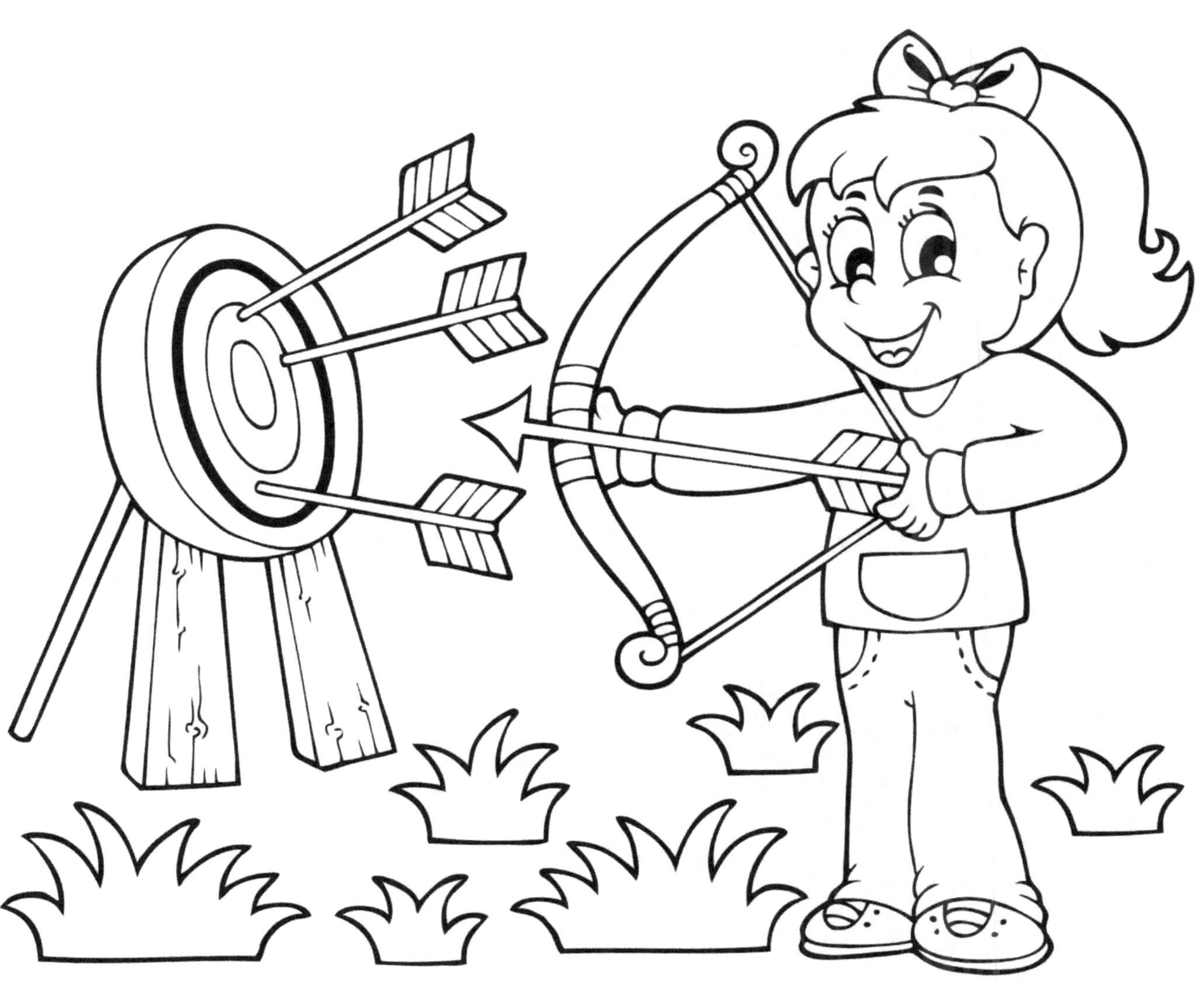

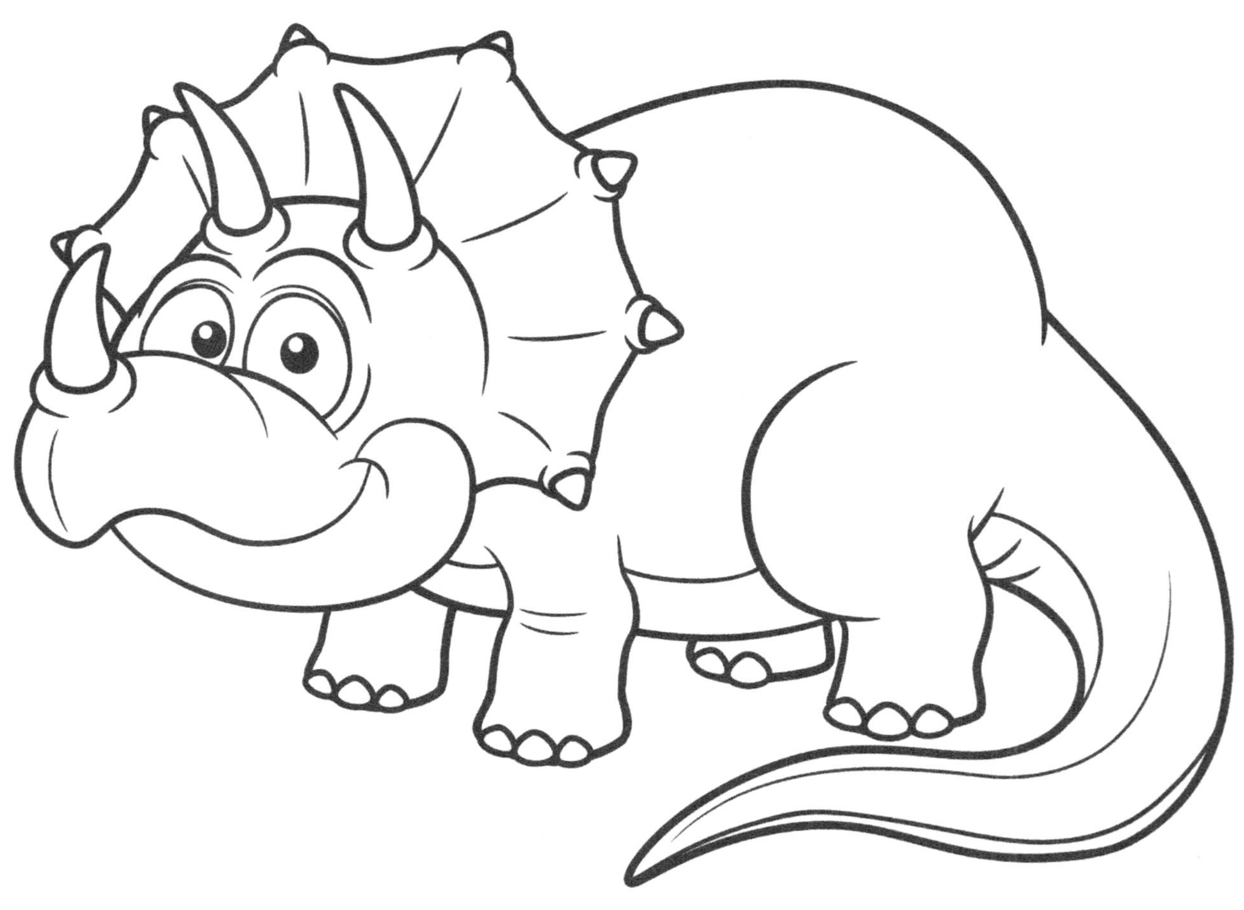

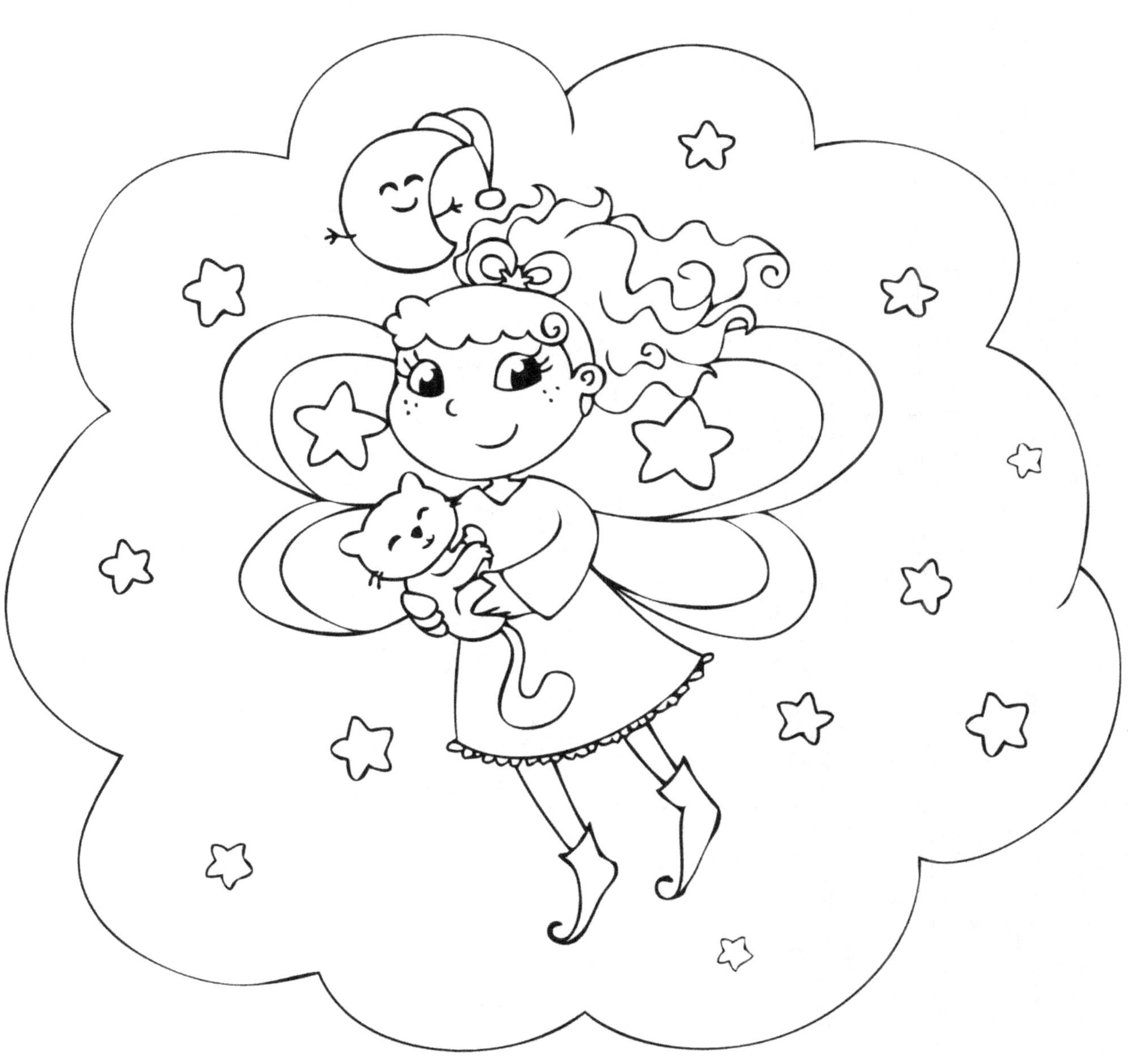

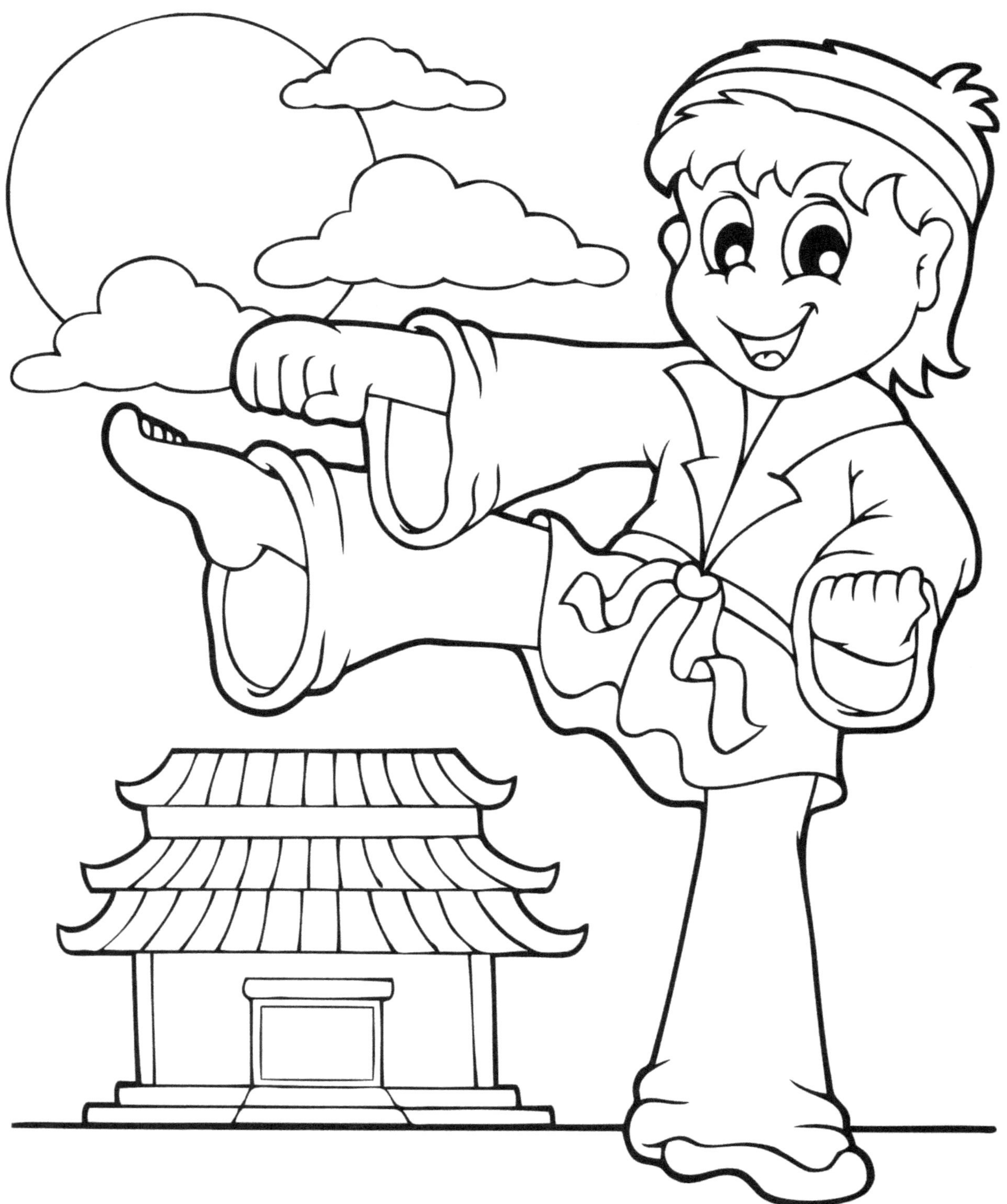

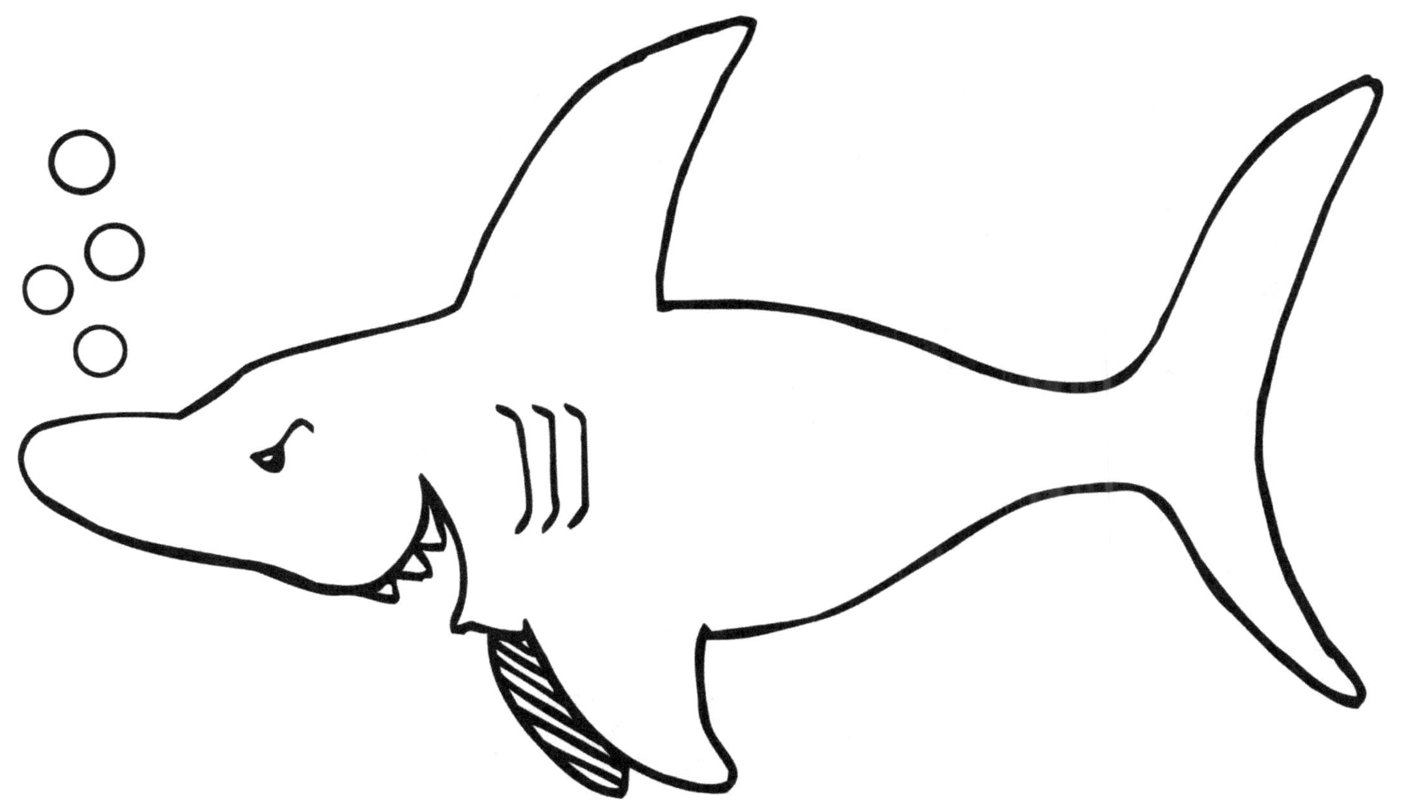

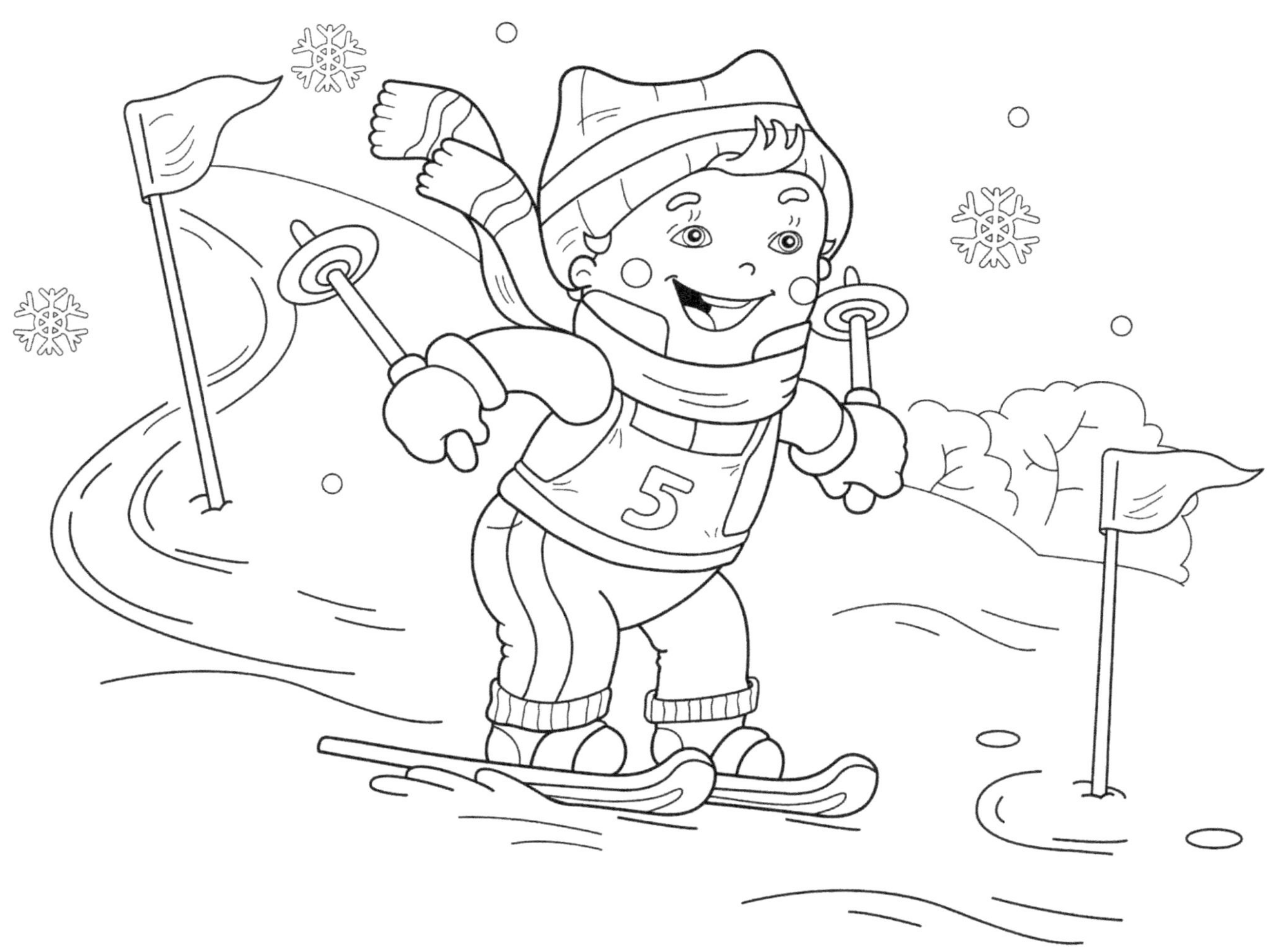
5

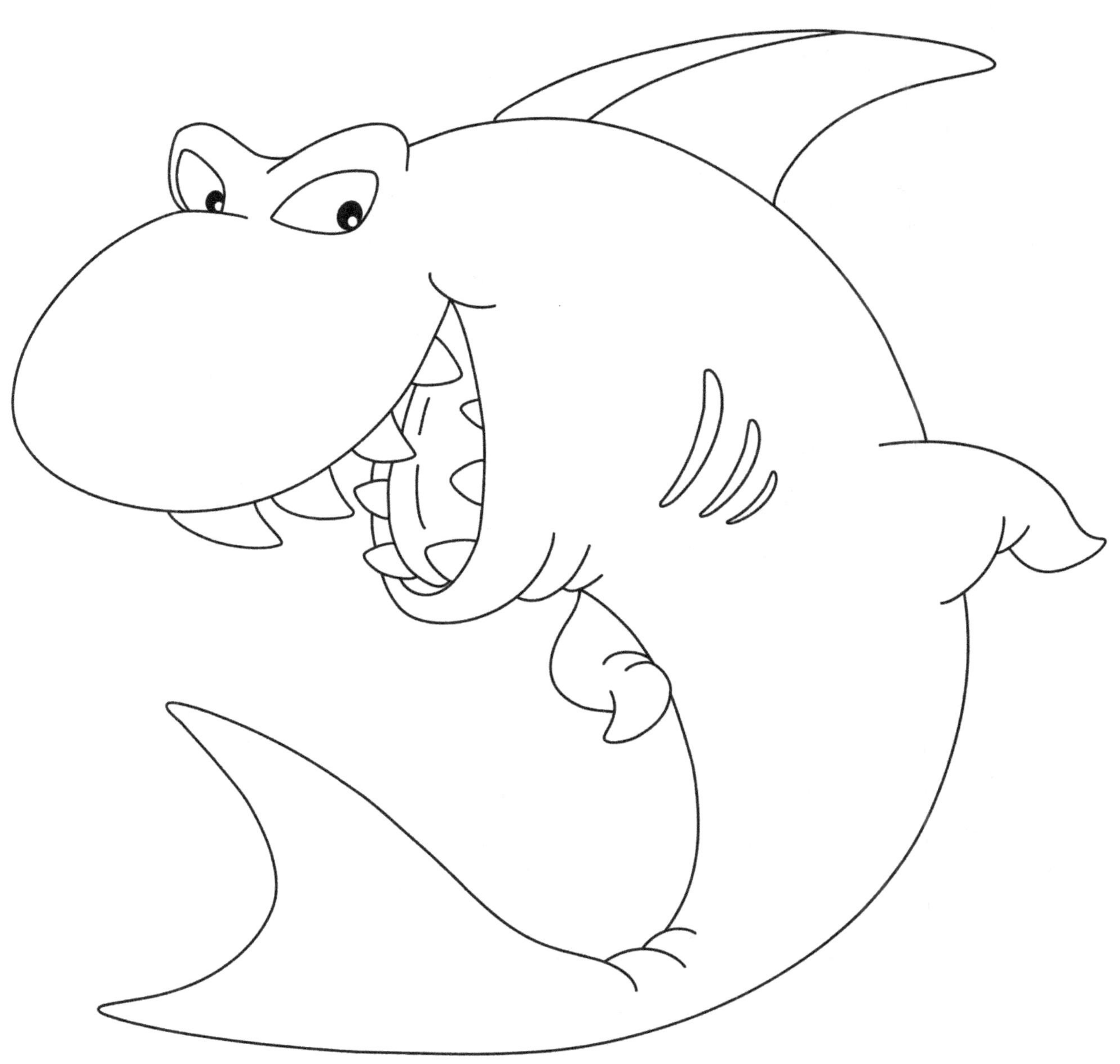

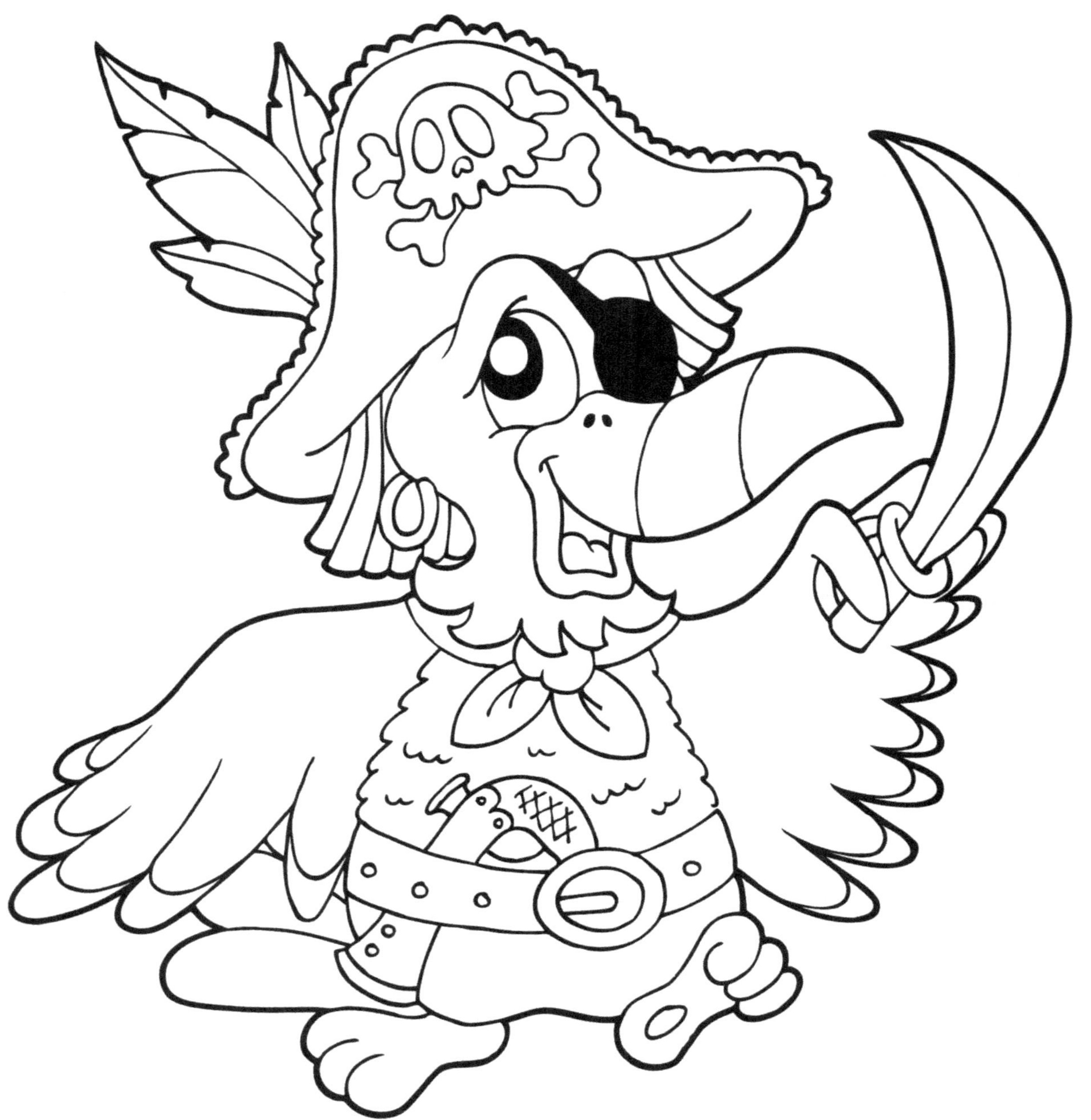

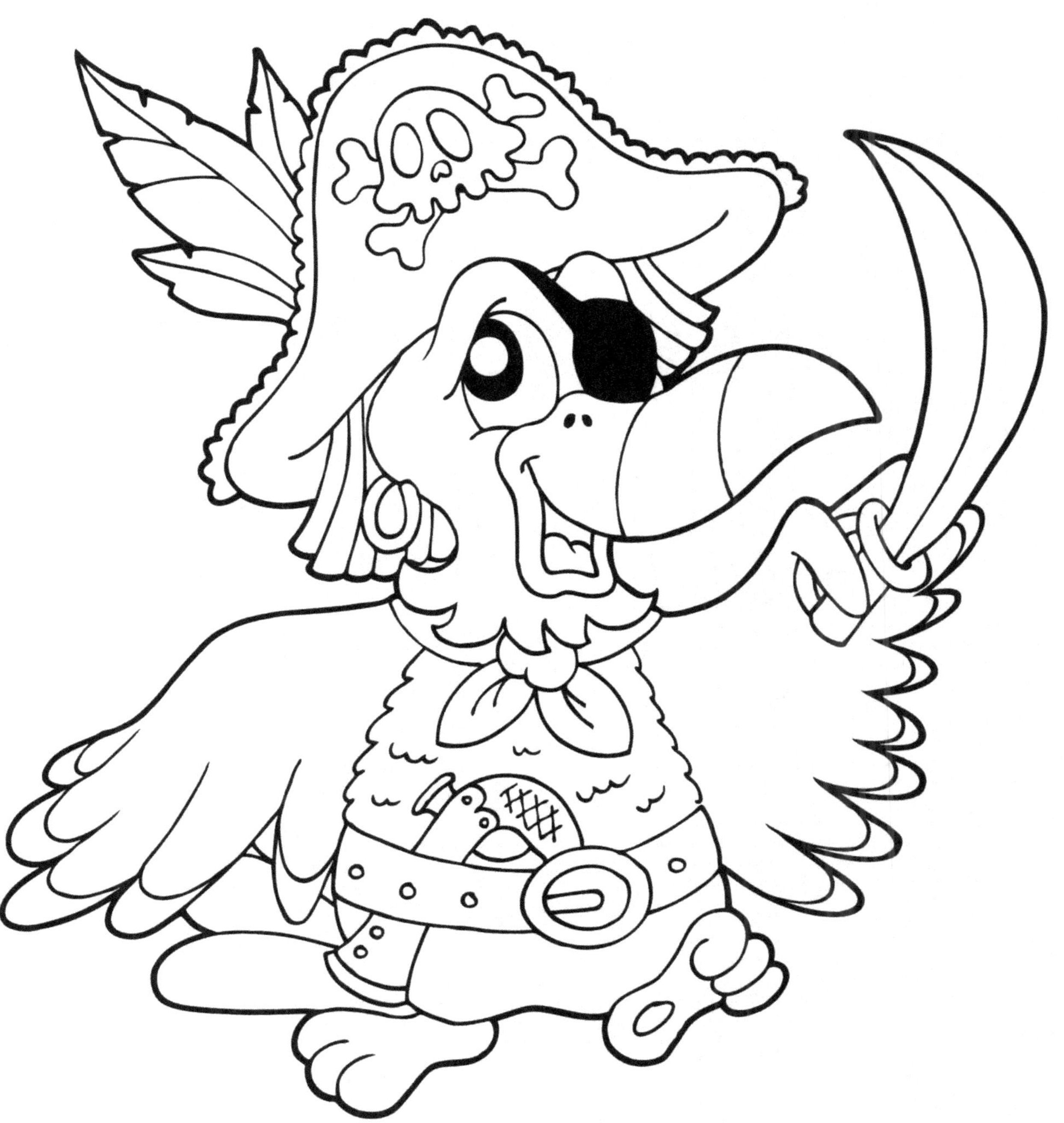

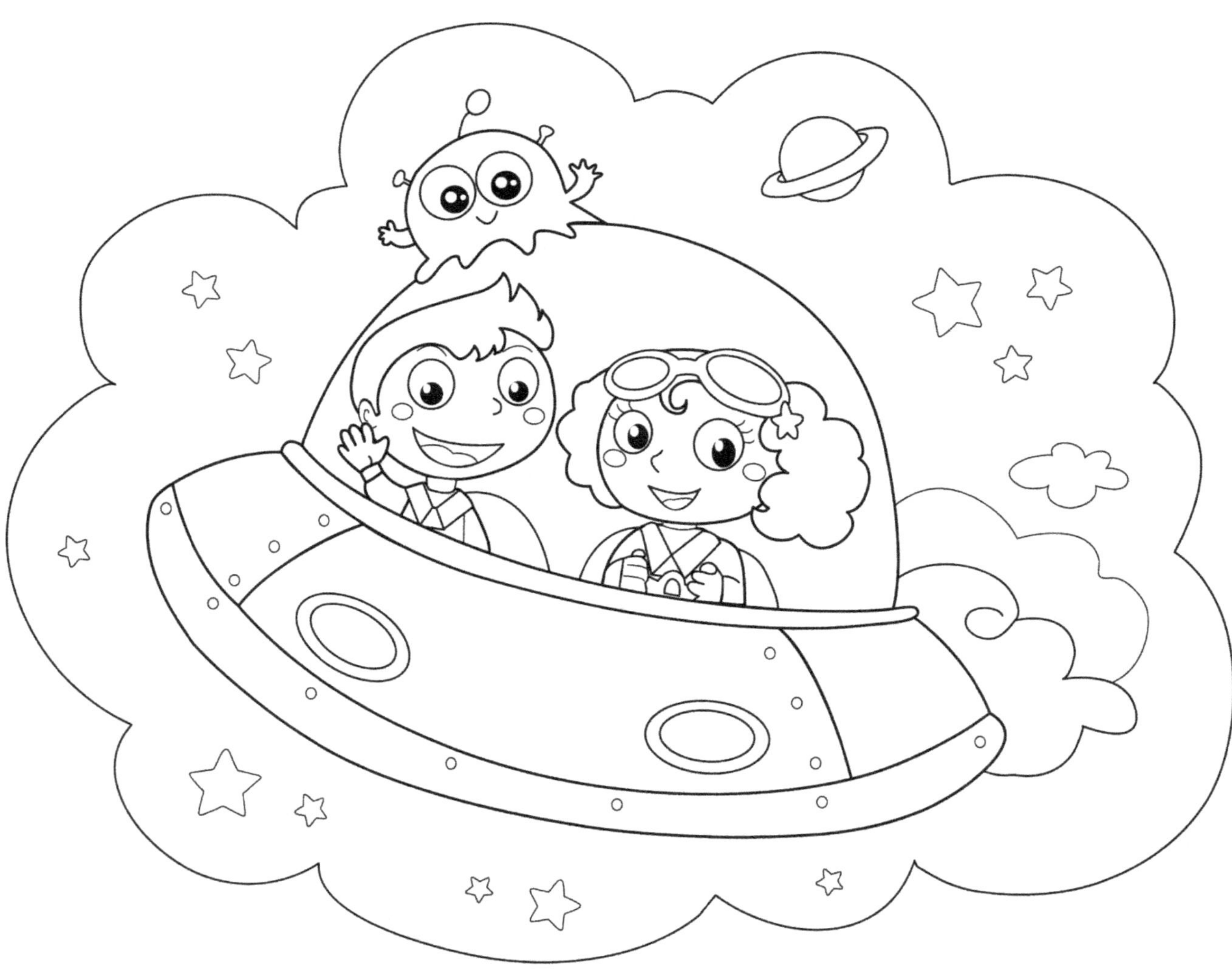

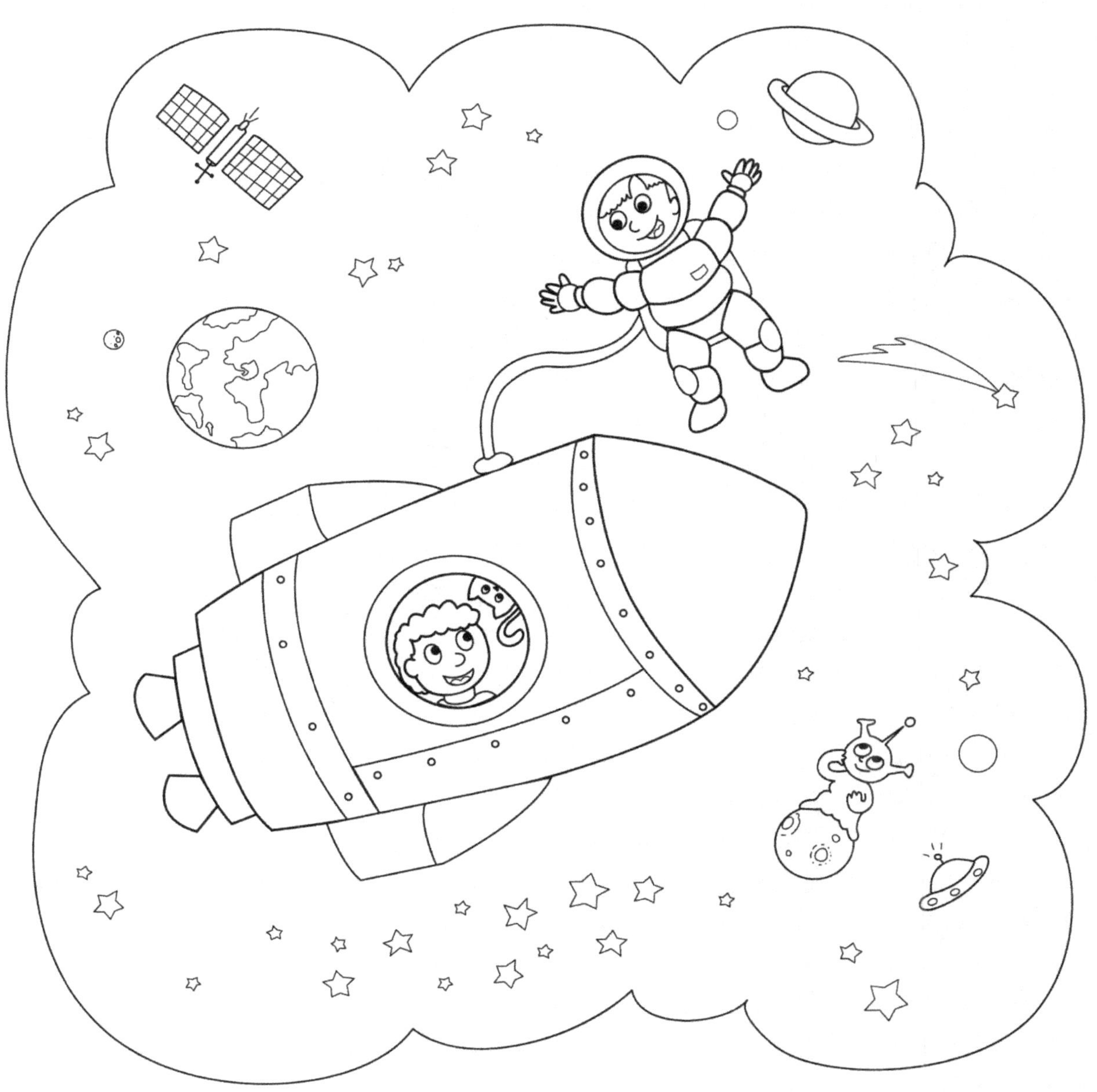

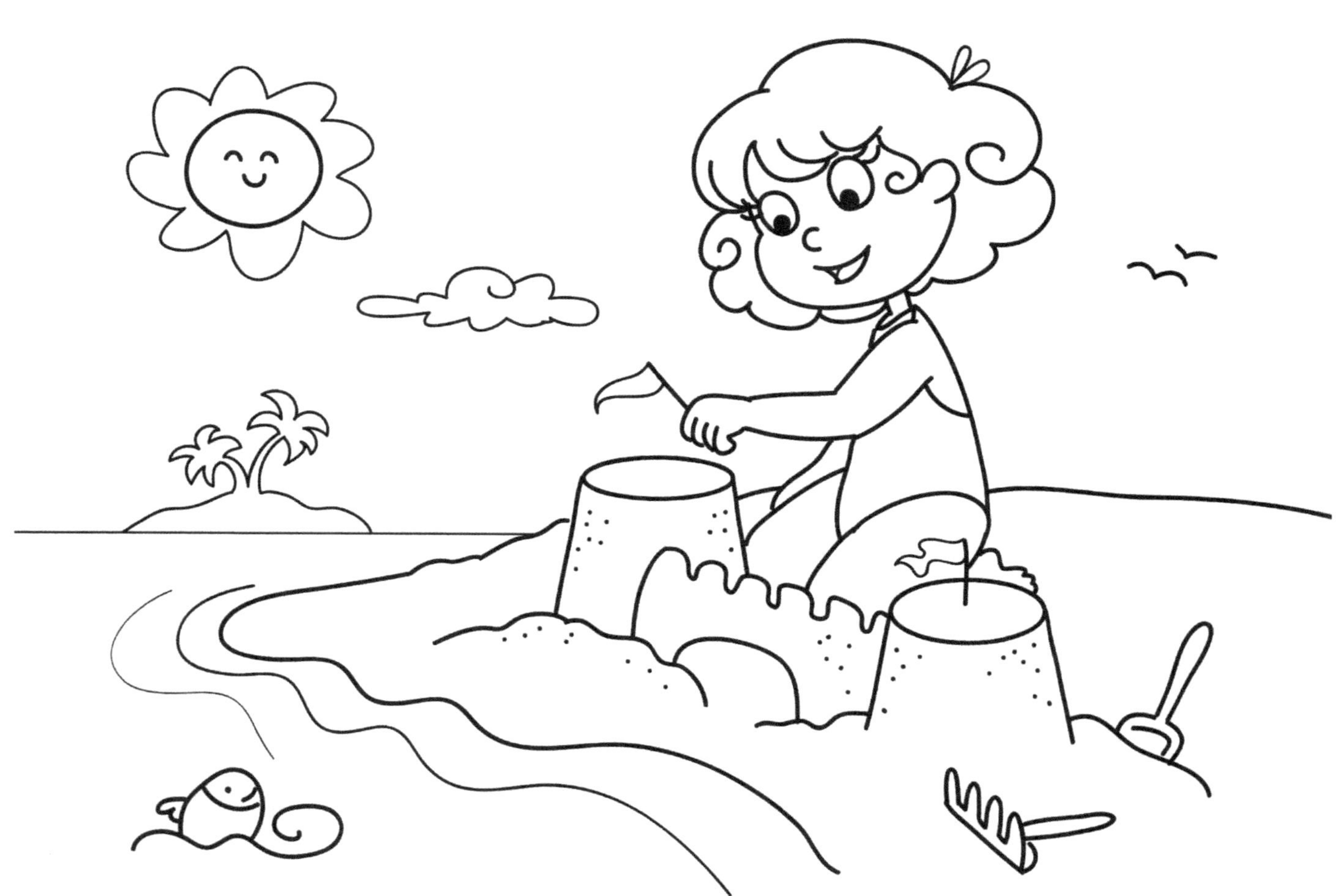

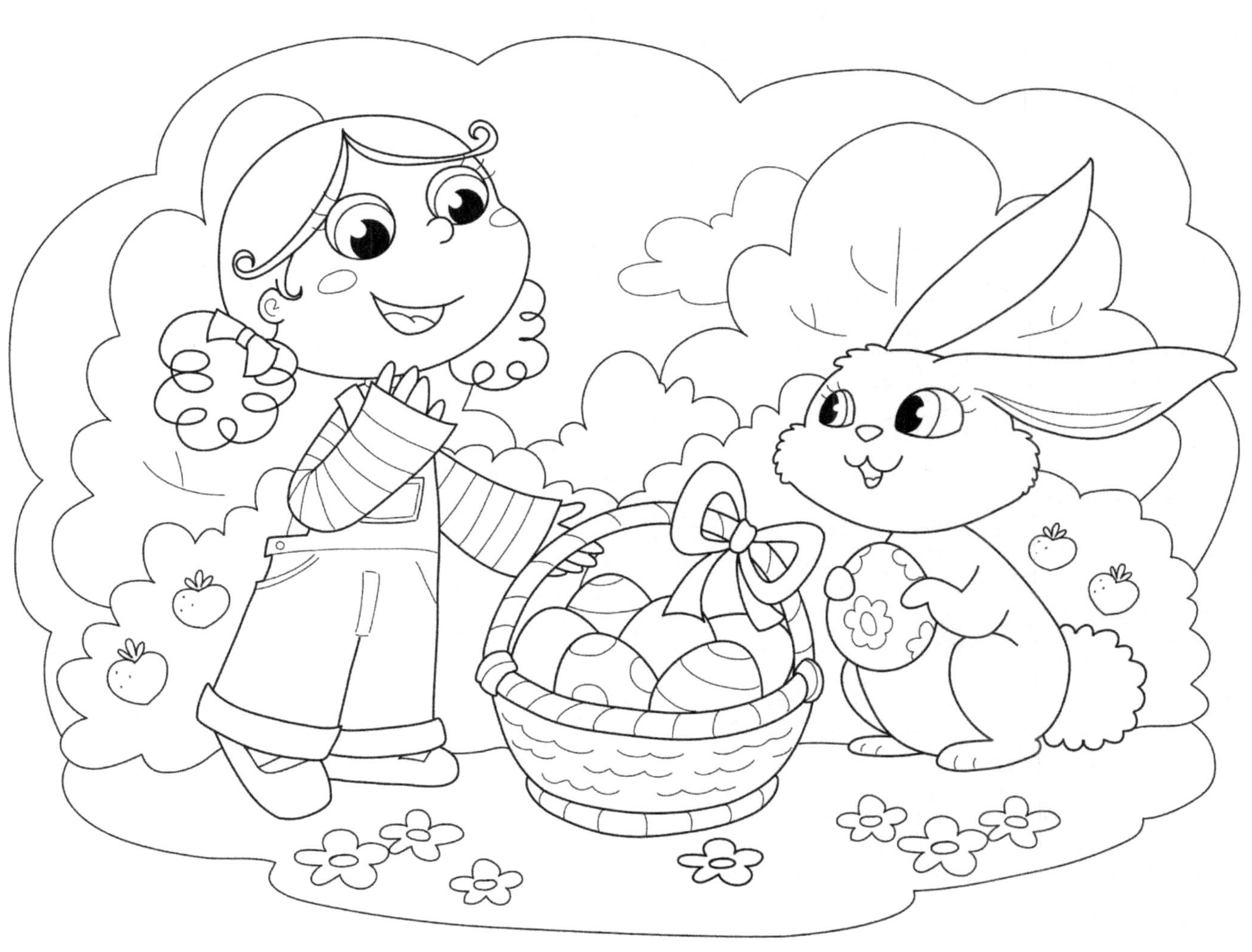

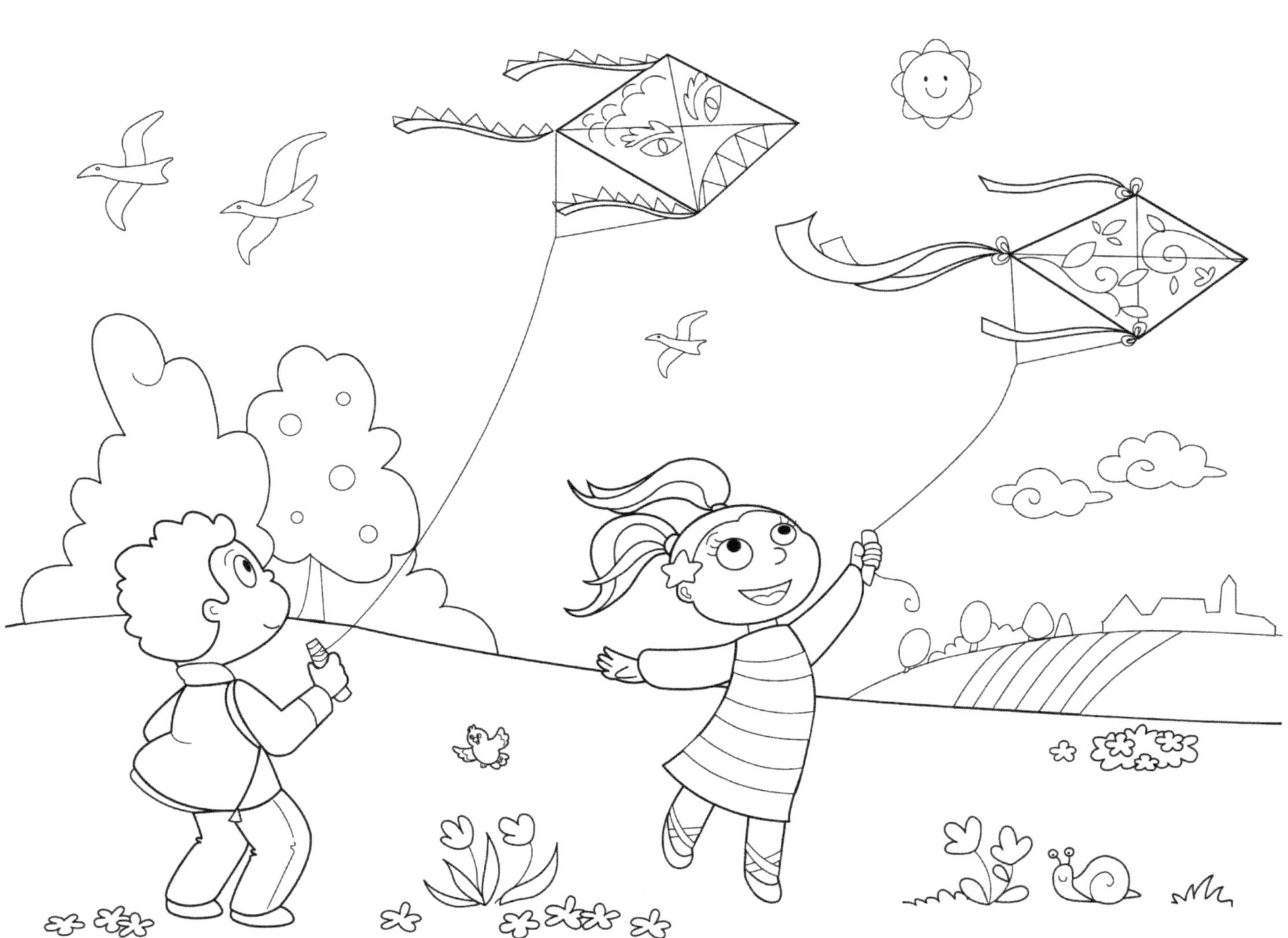

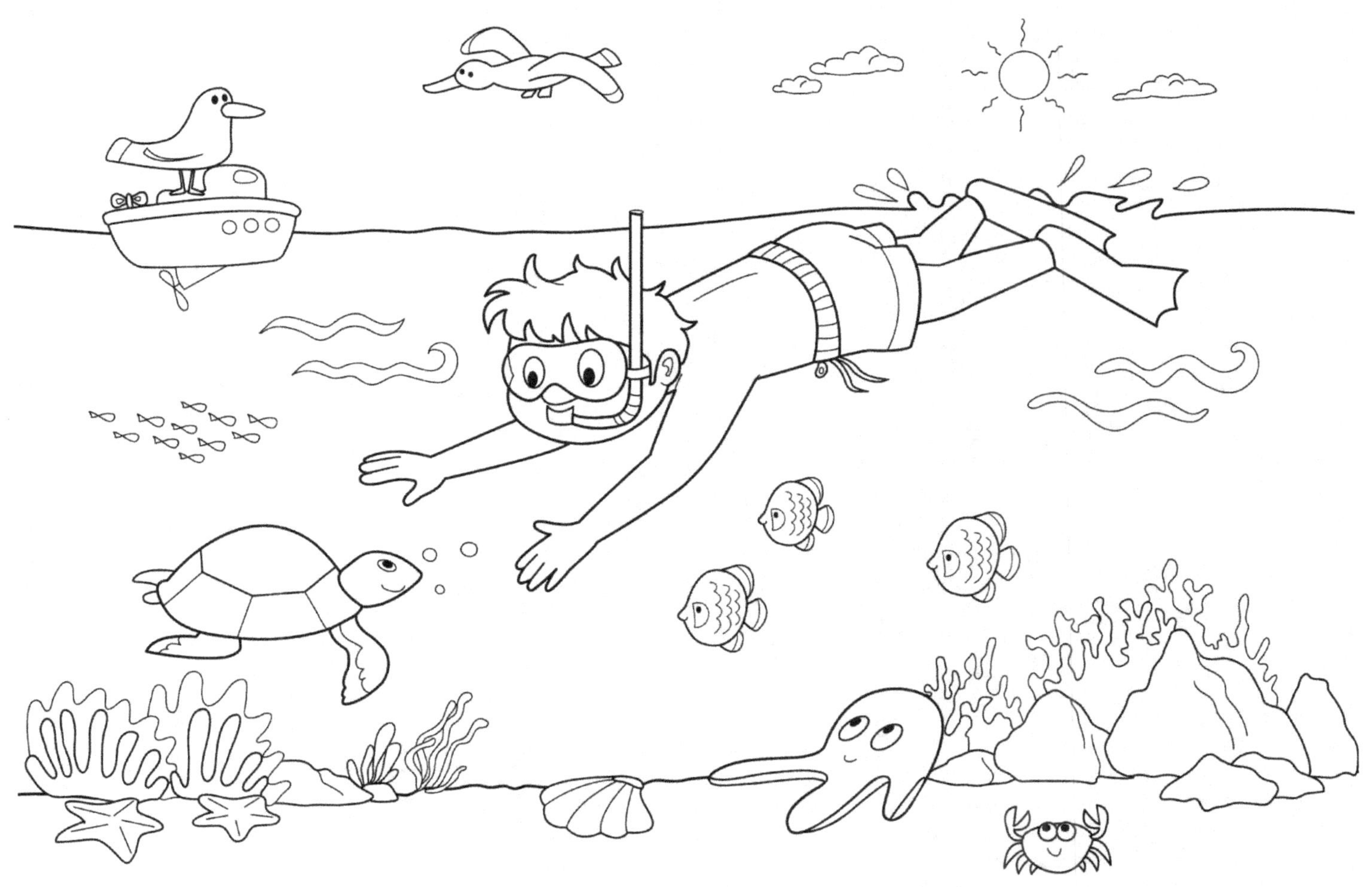

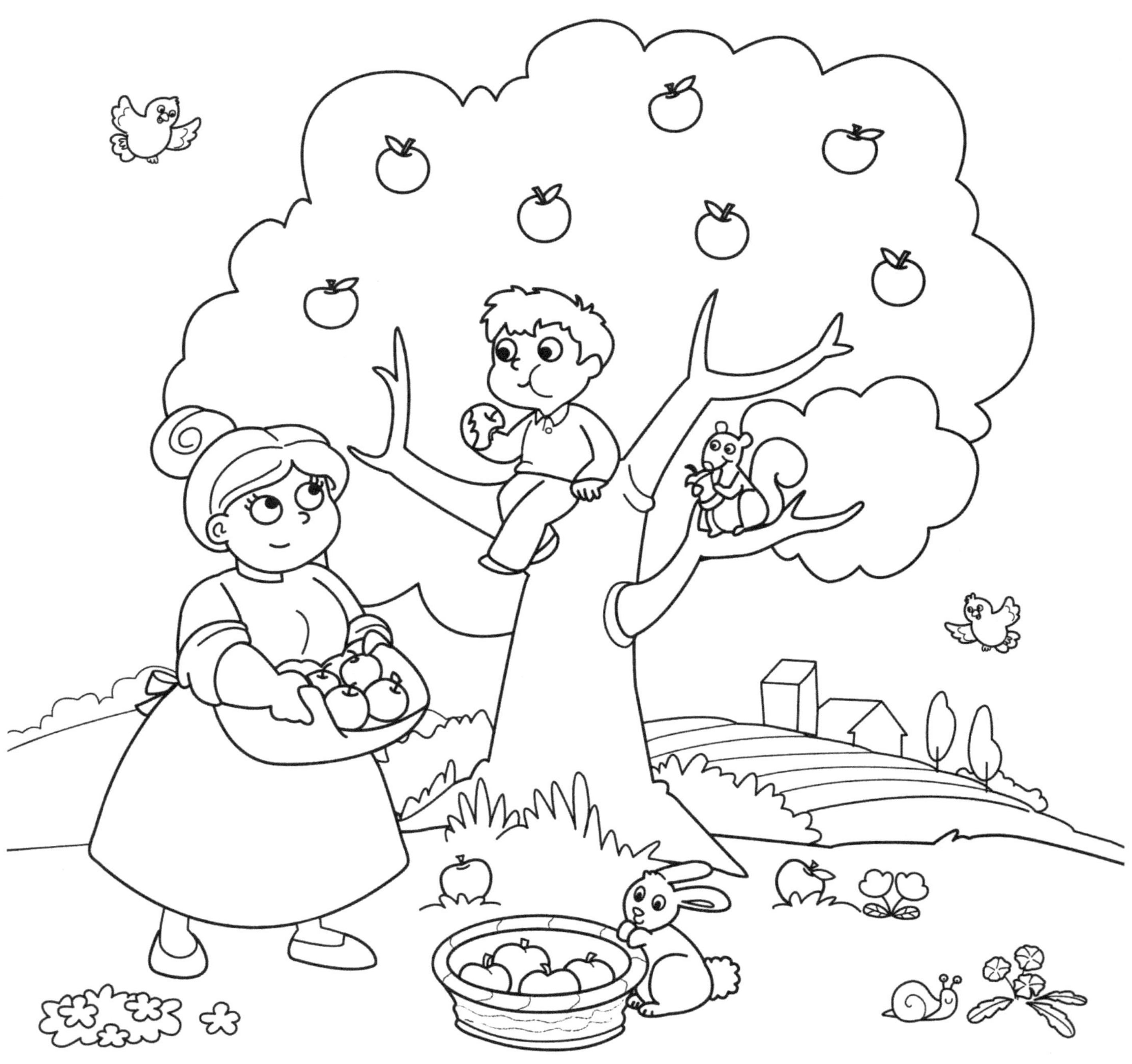

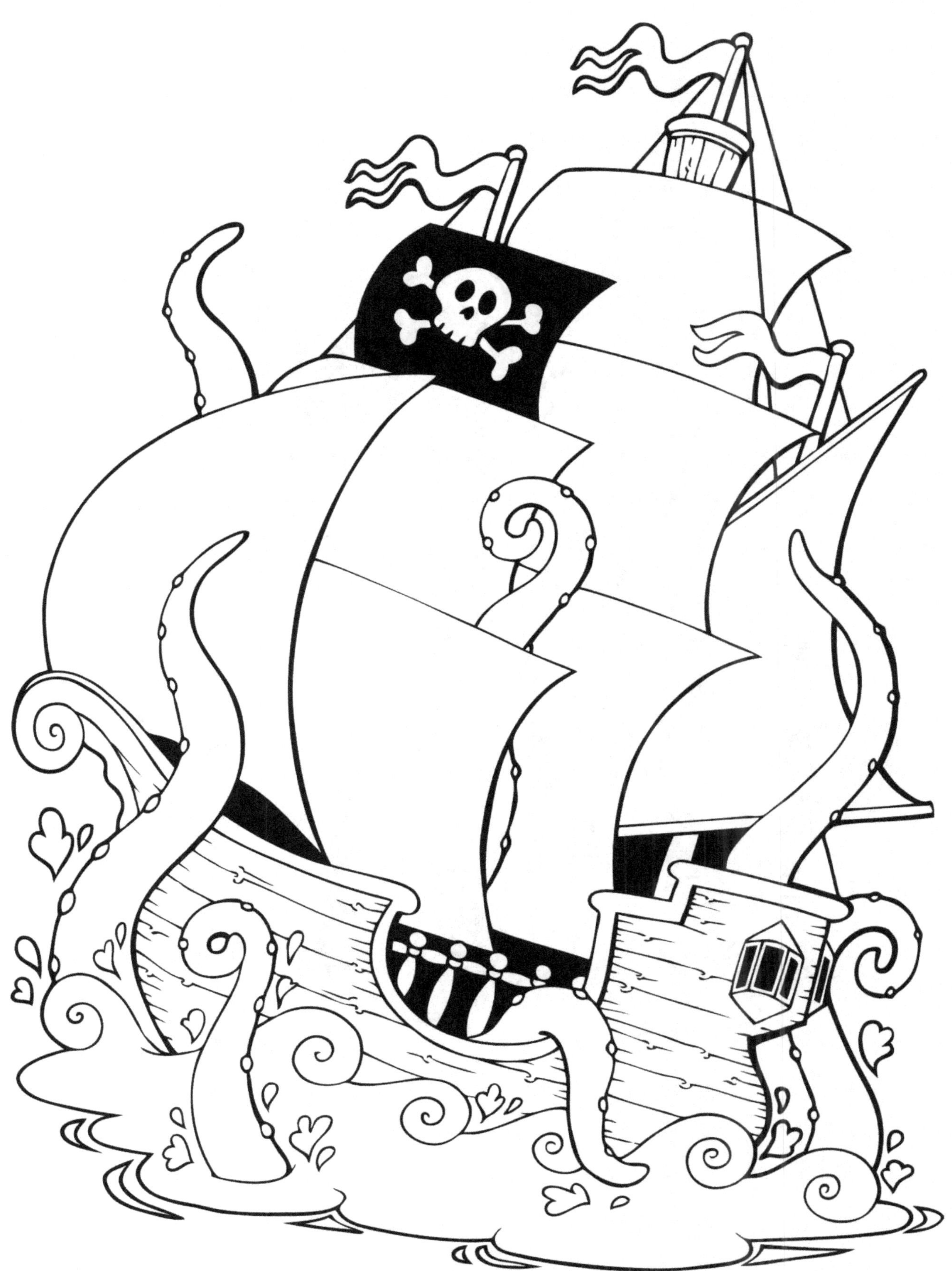

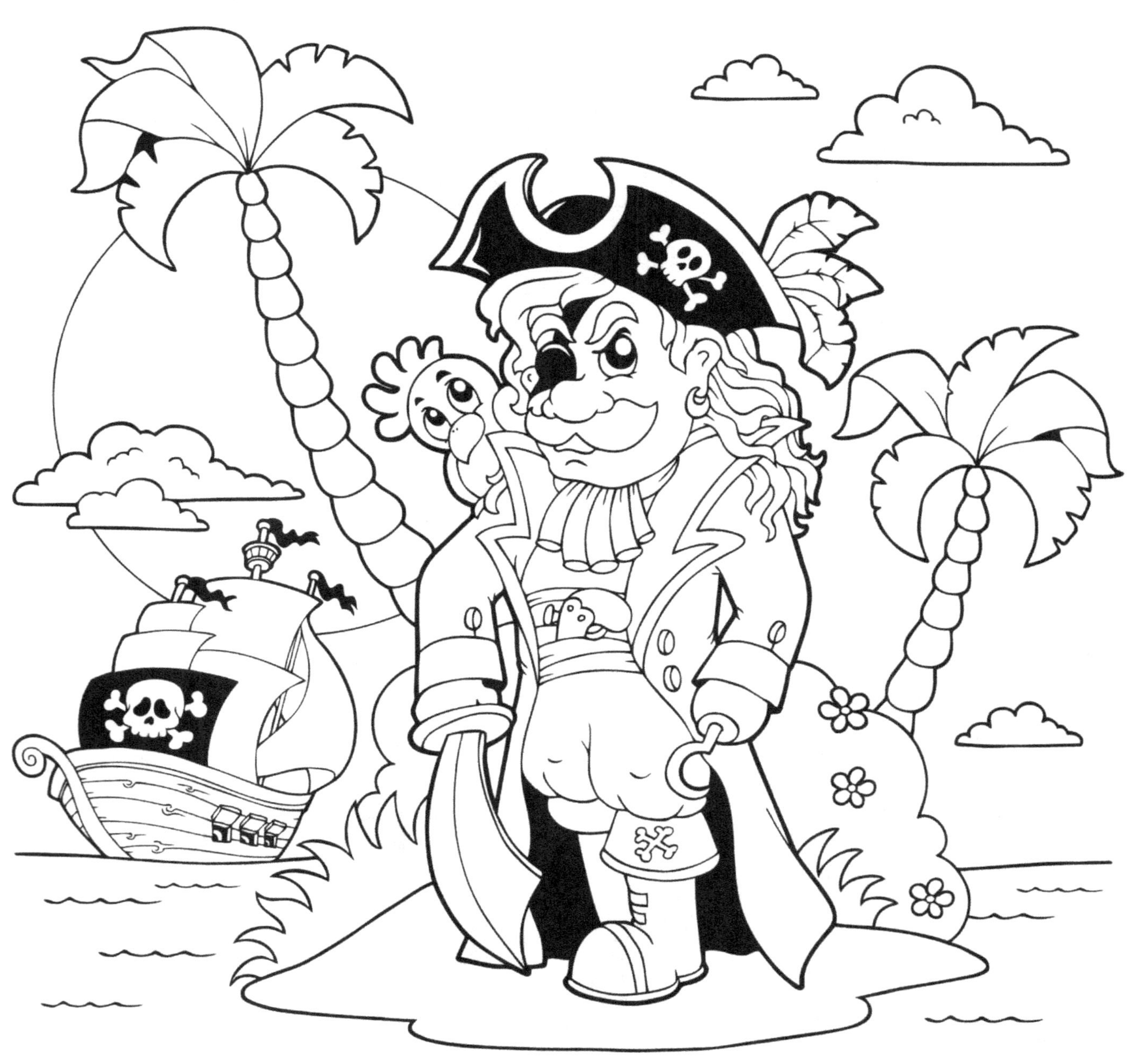

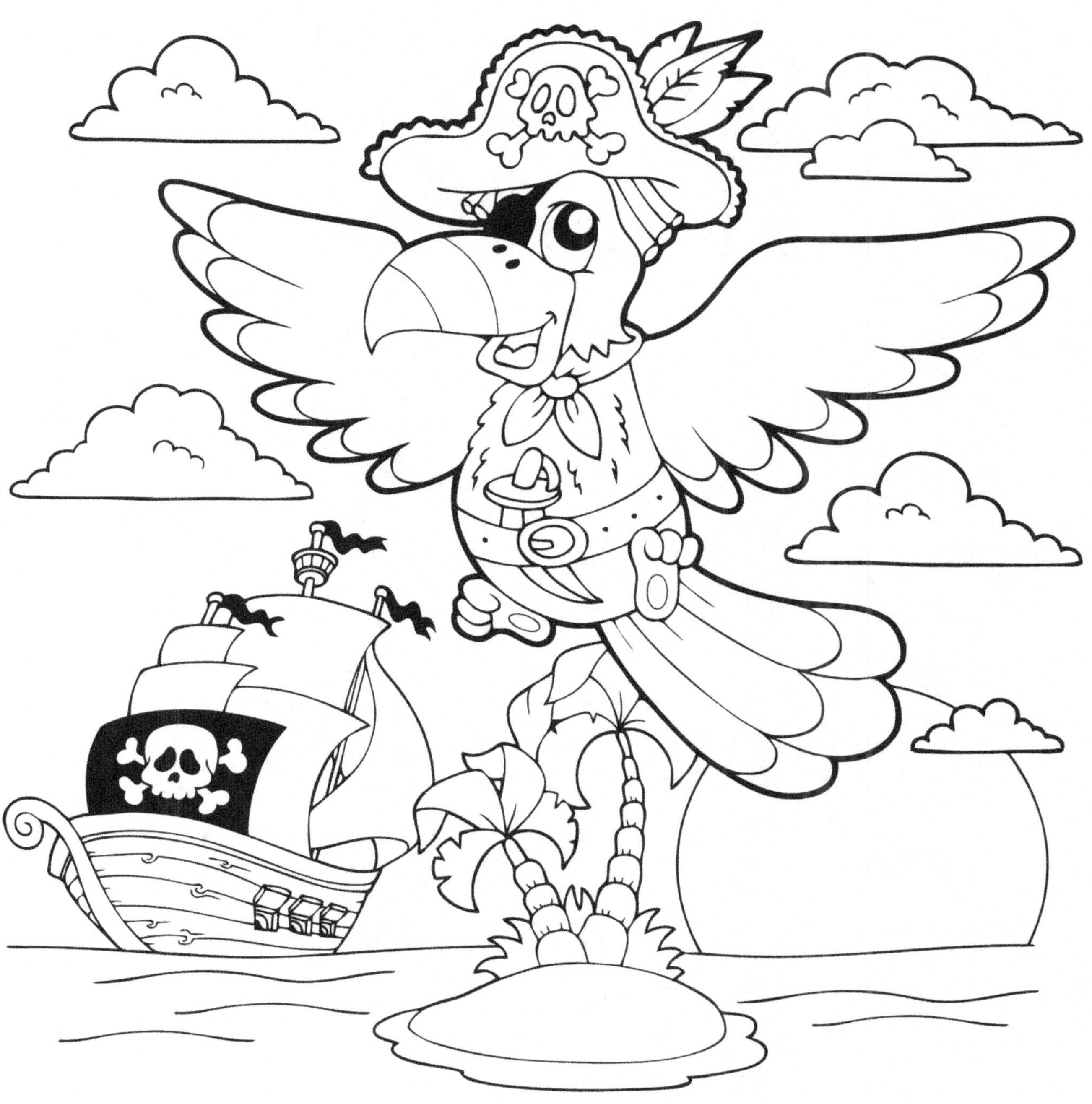

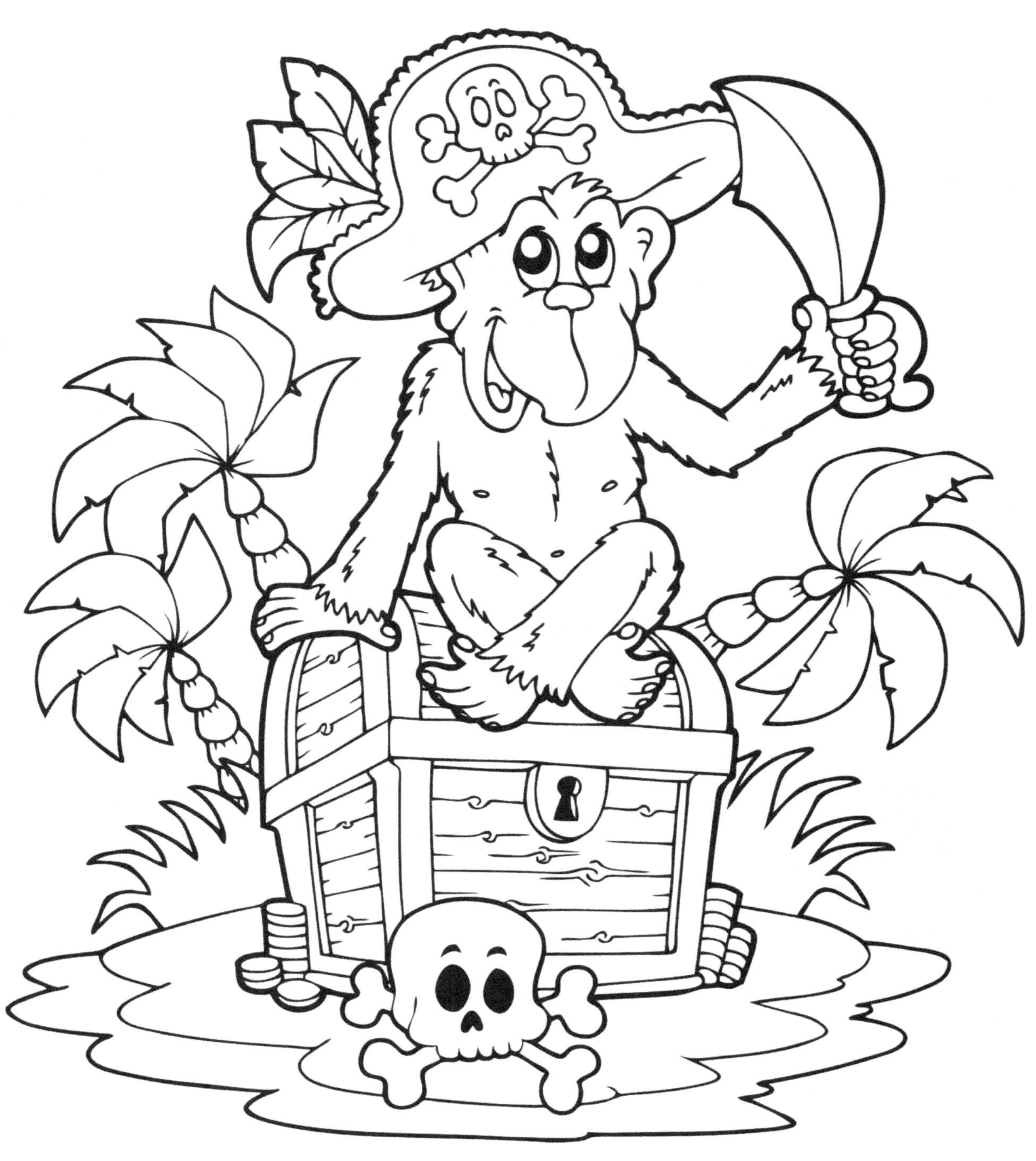

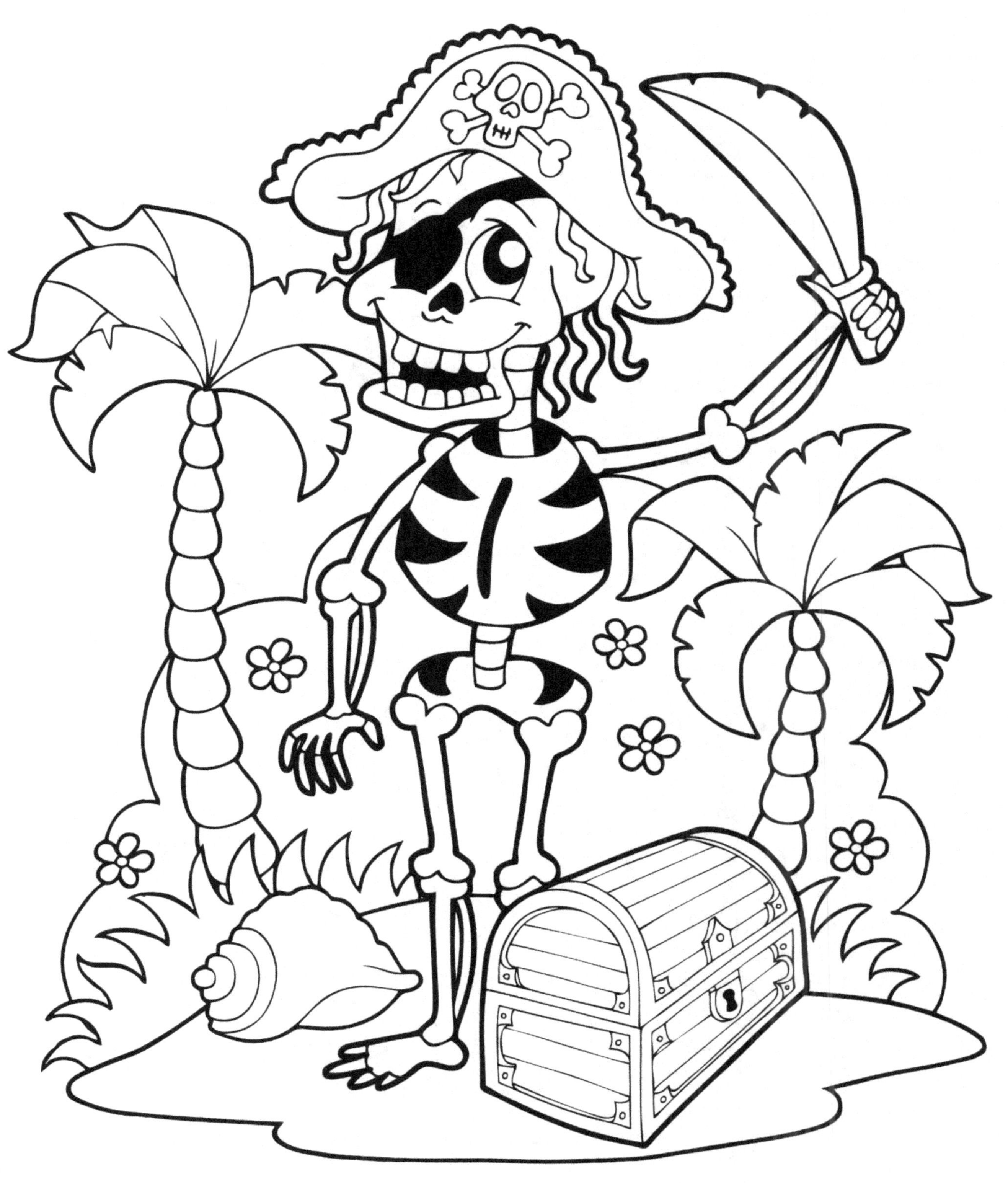

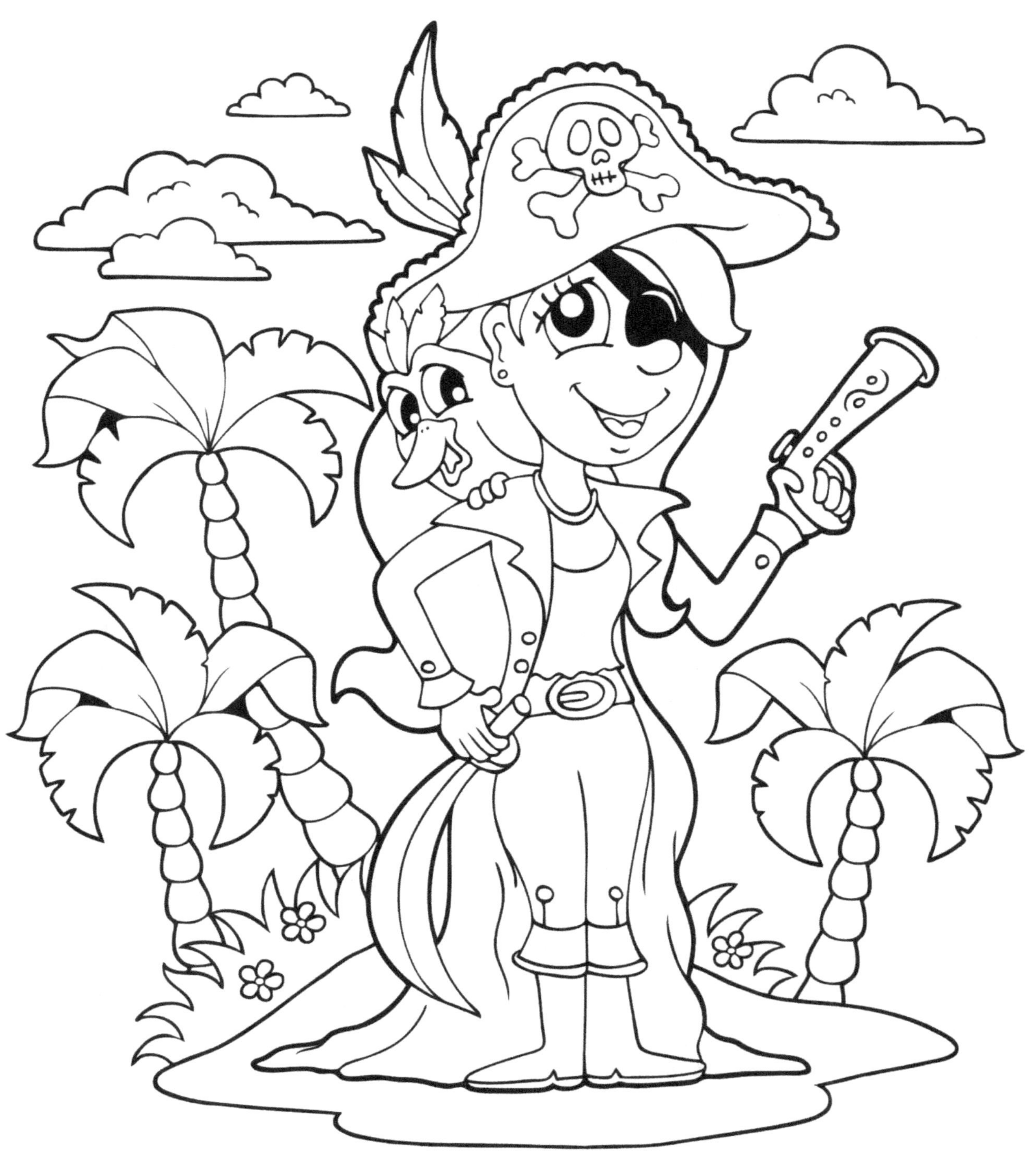

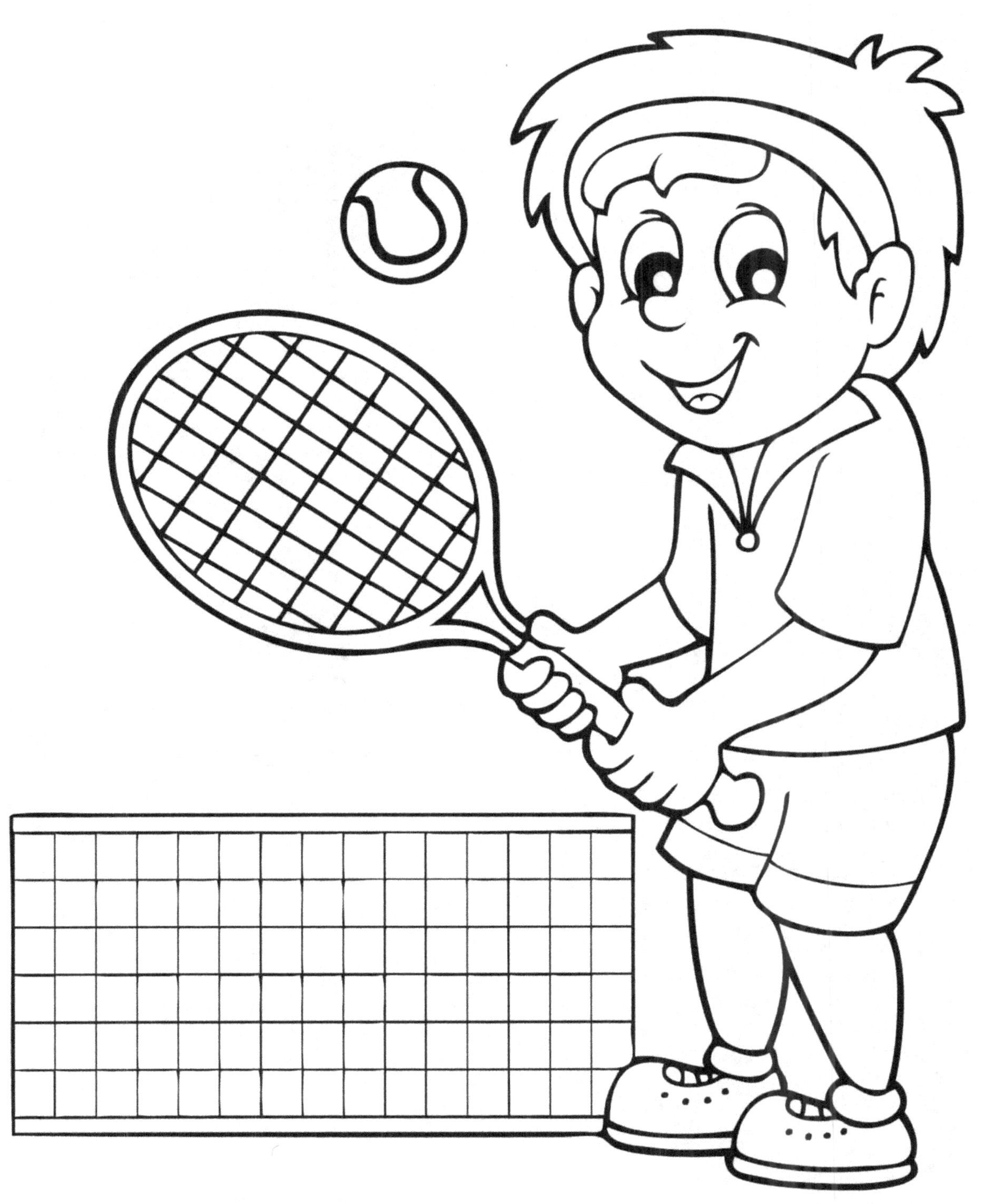

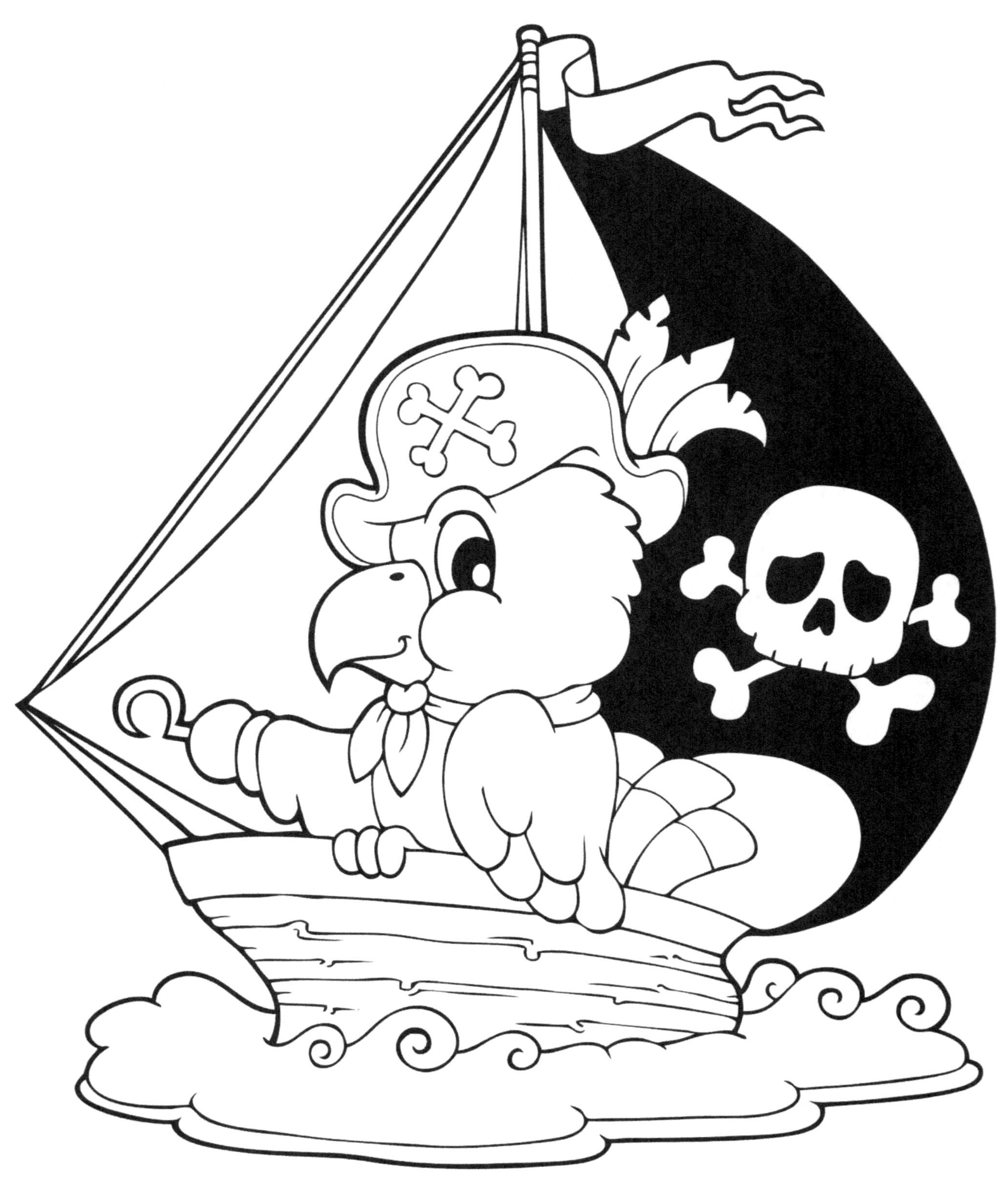

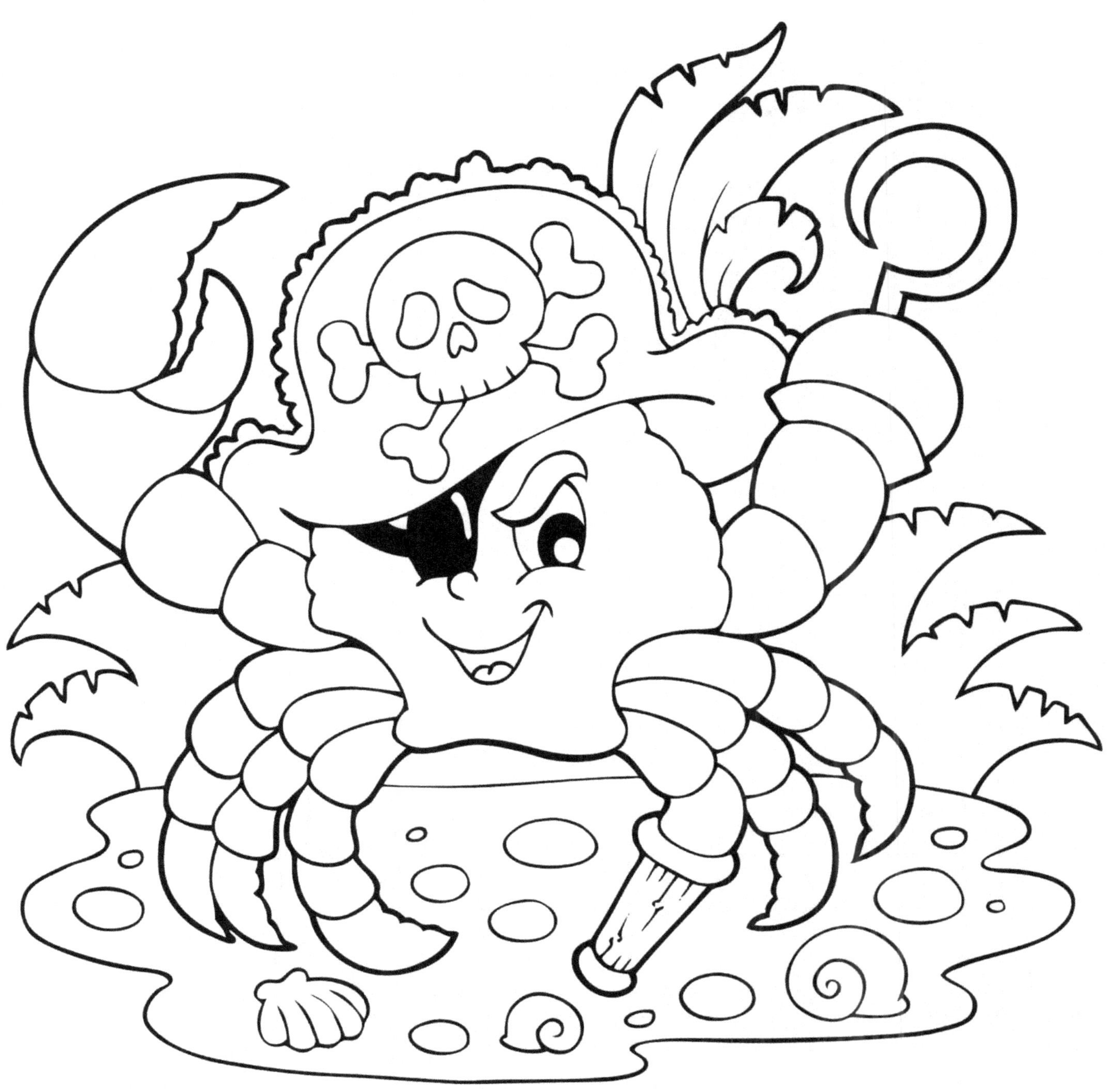

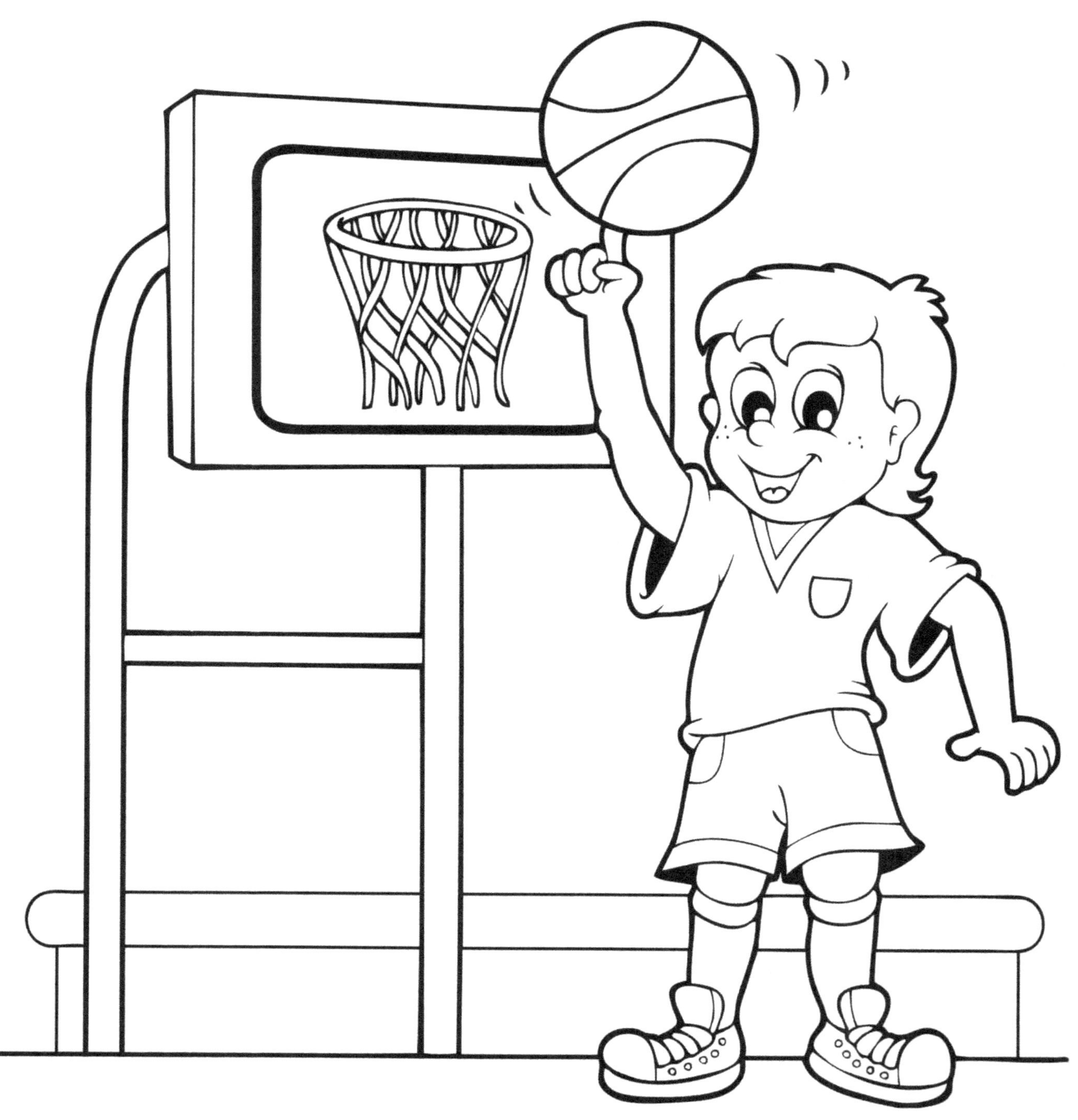

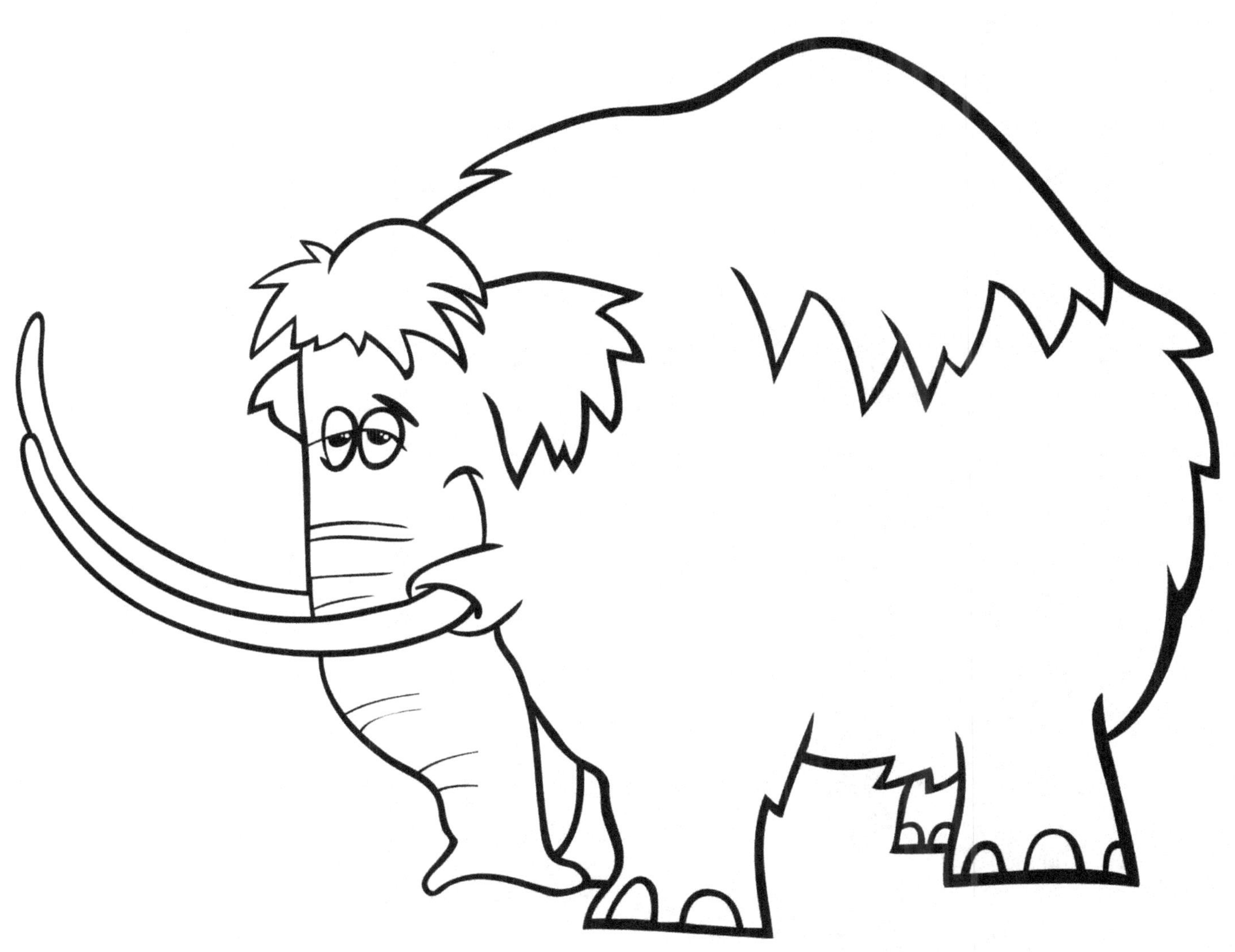

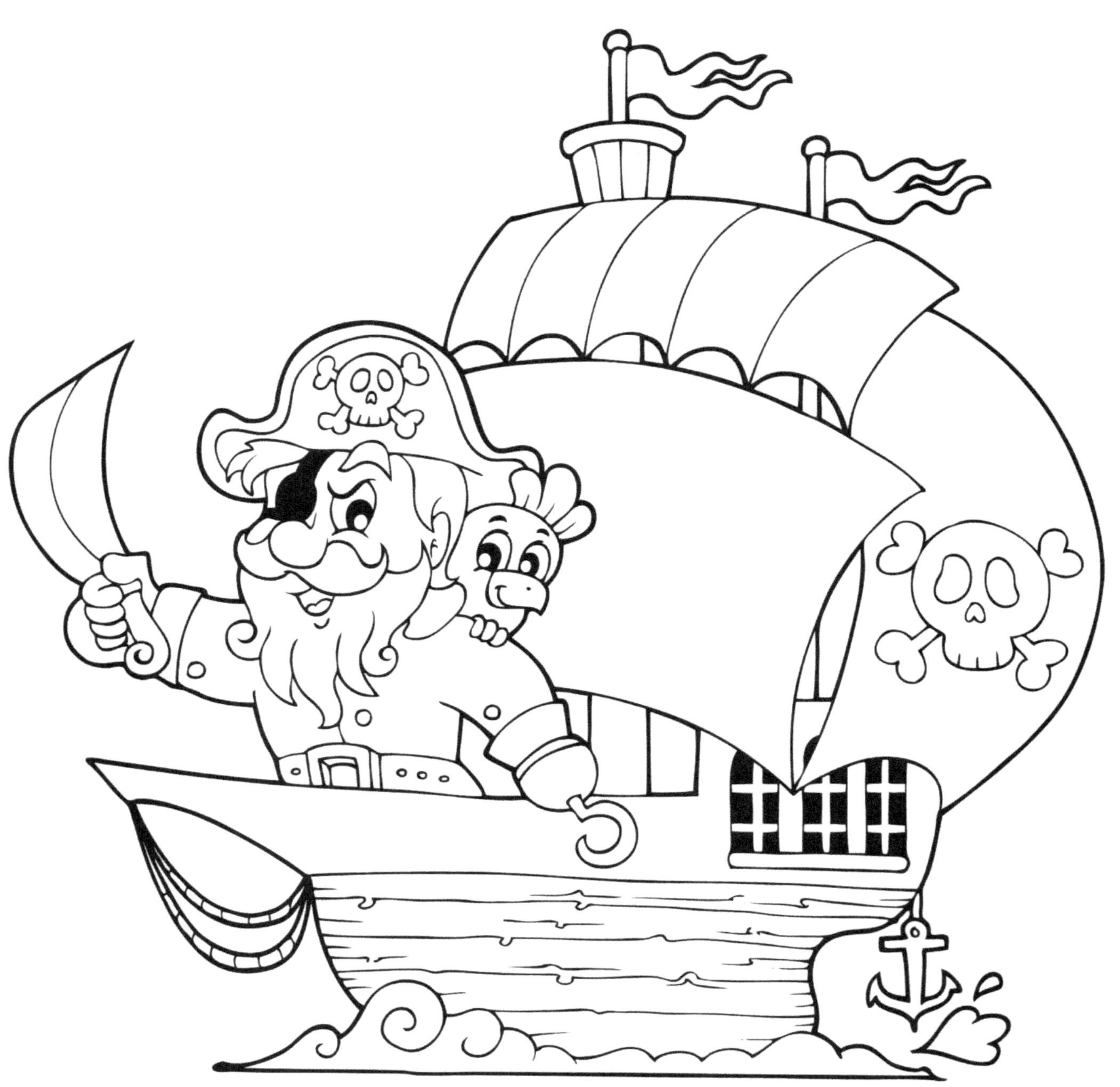

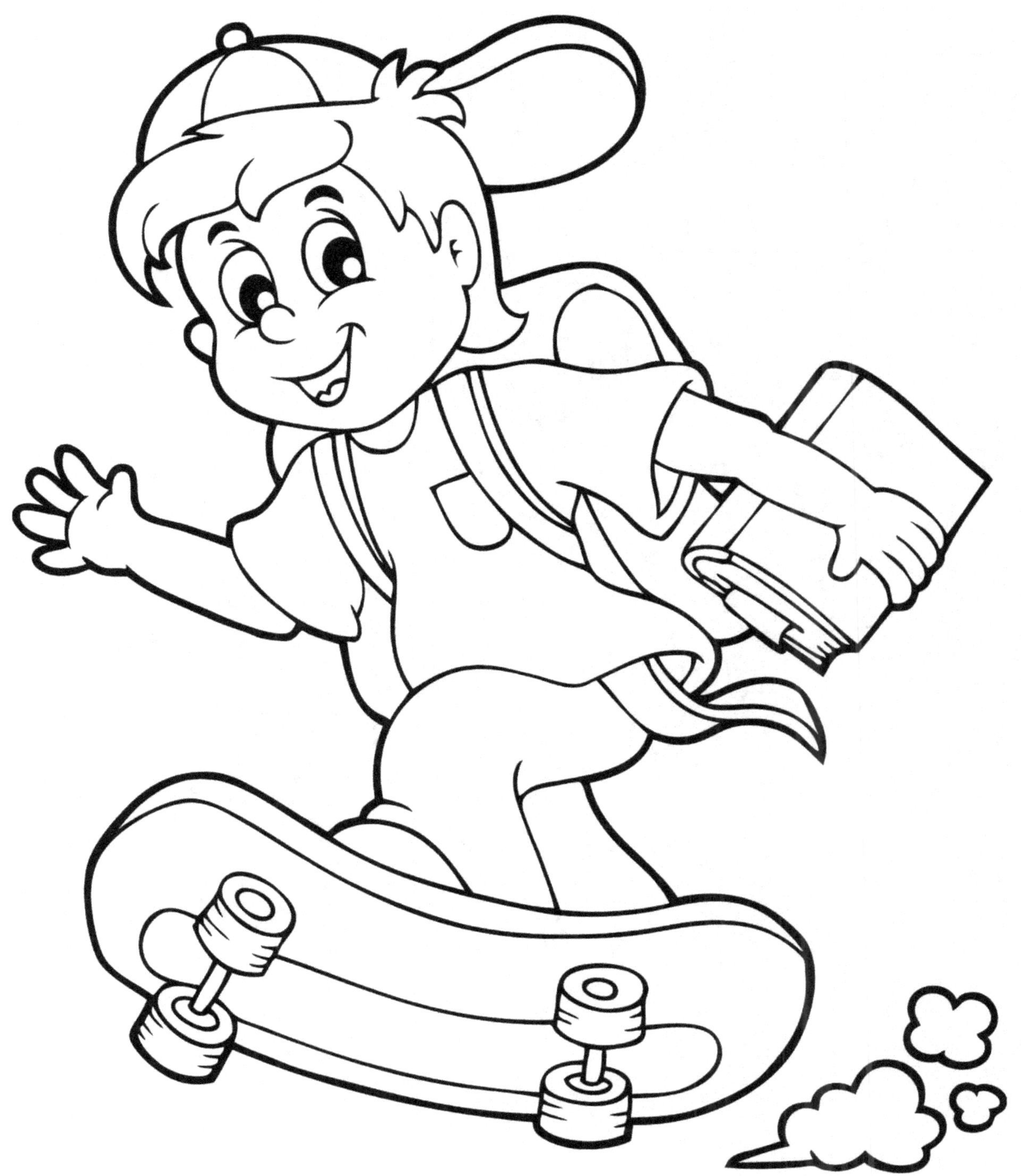

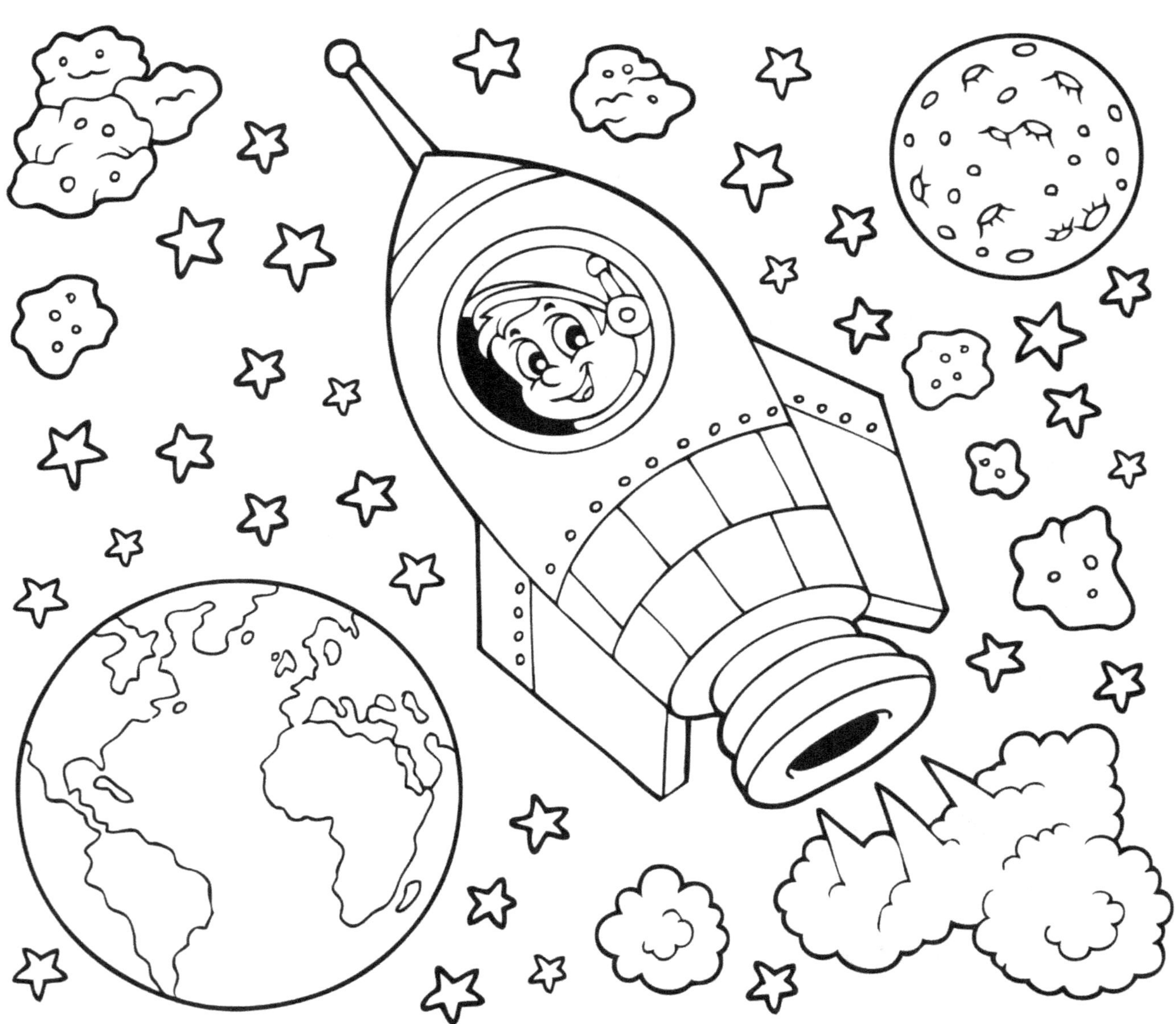

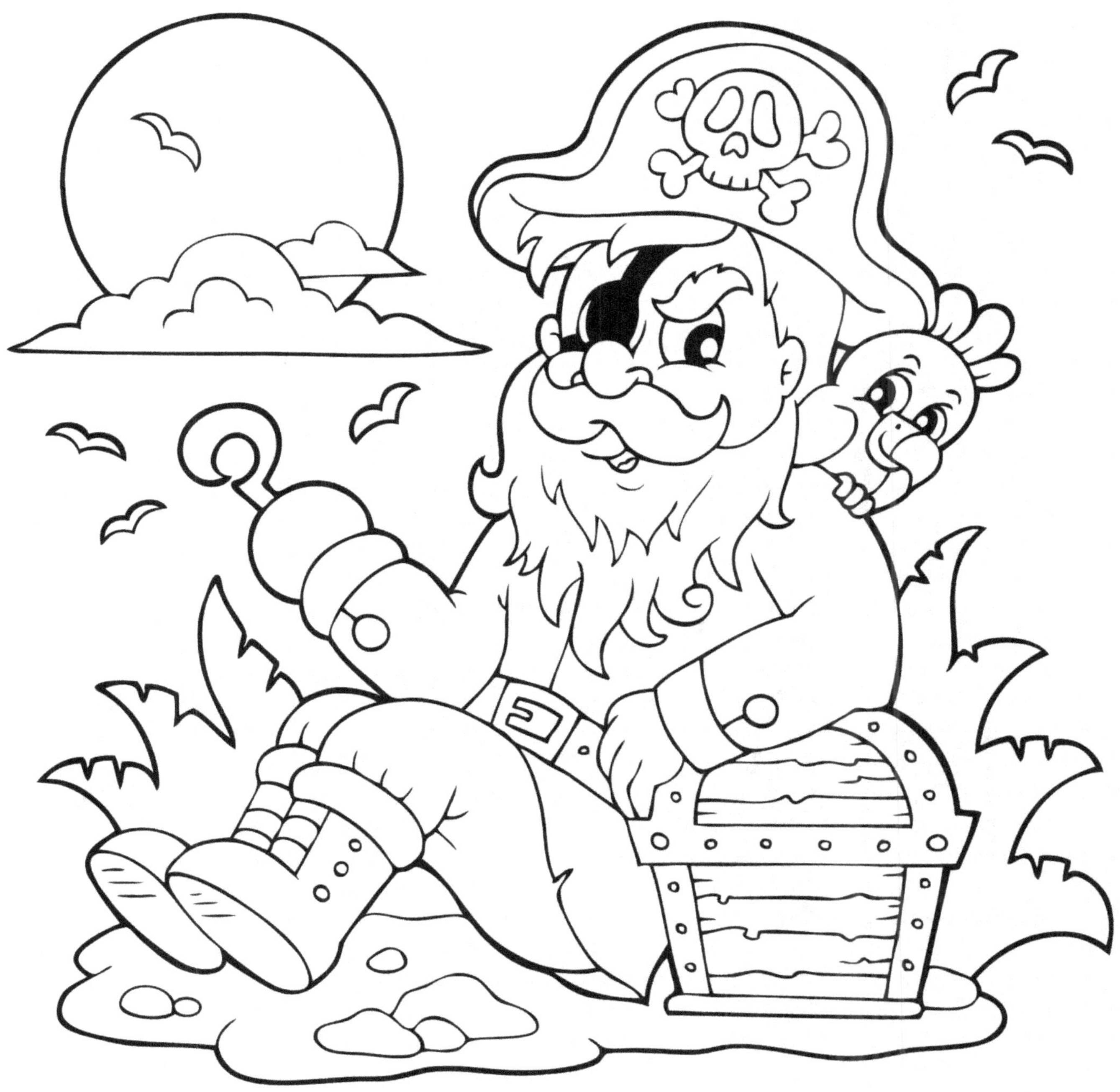

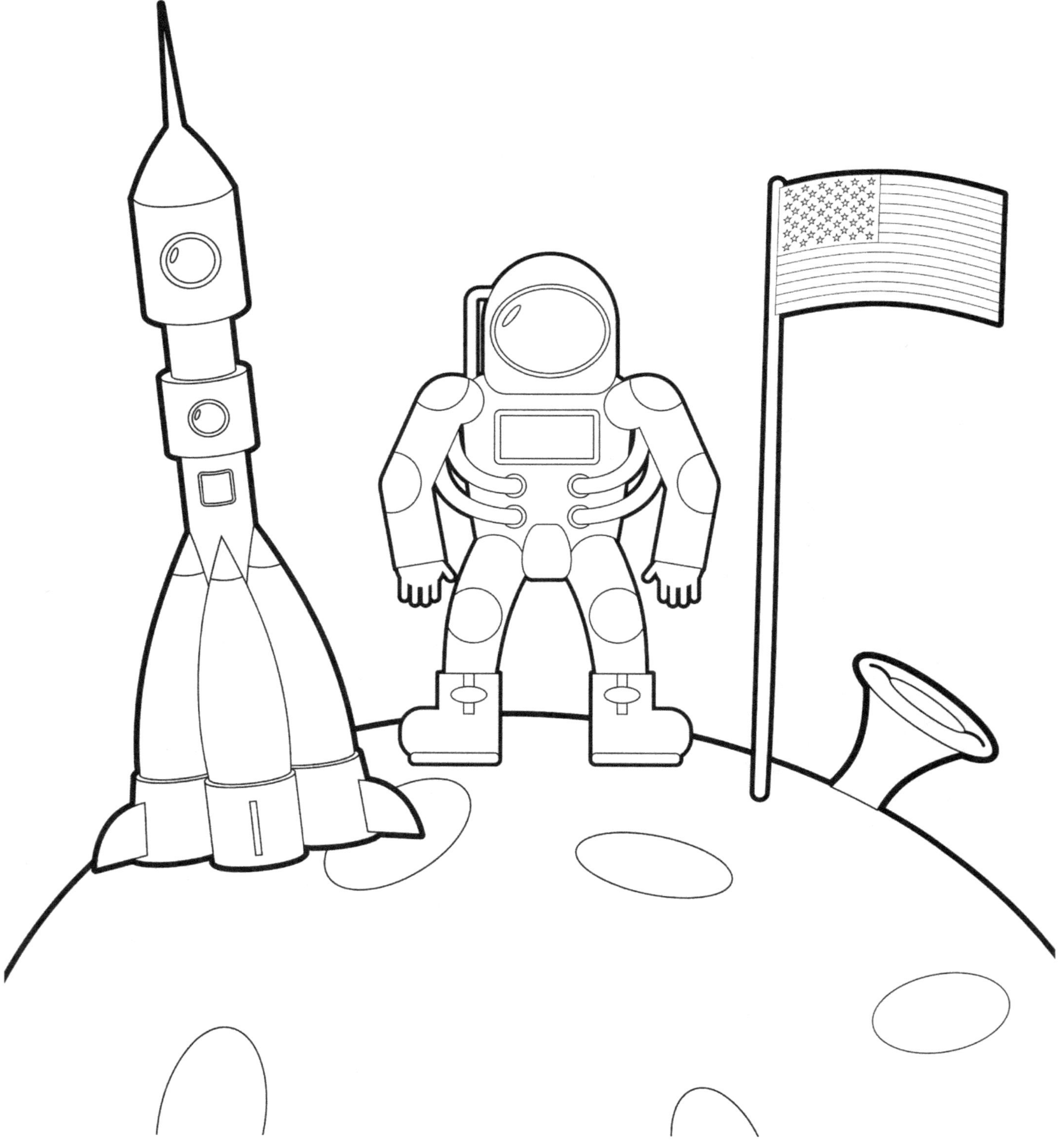

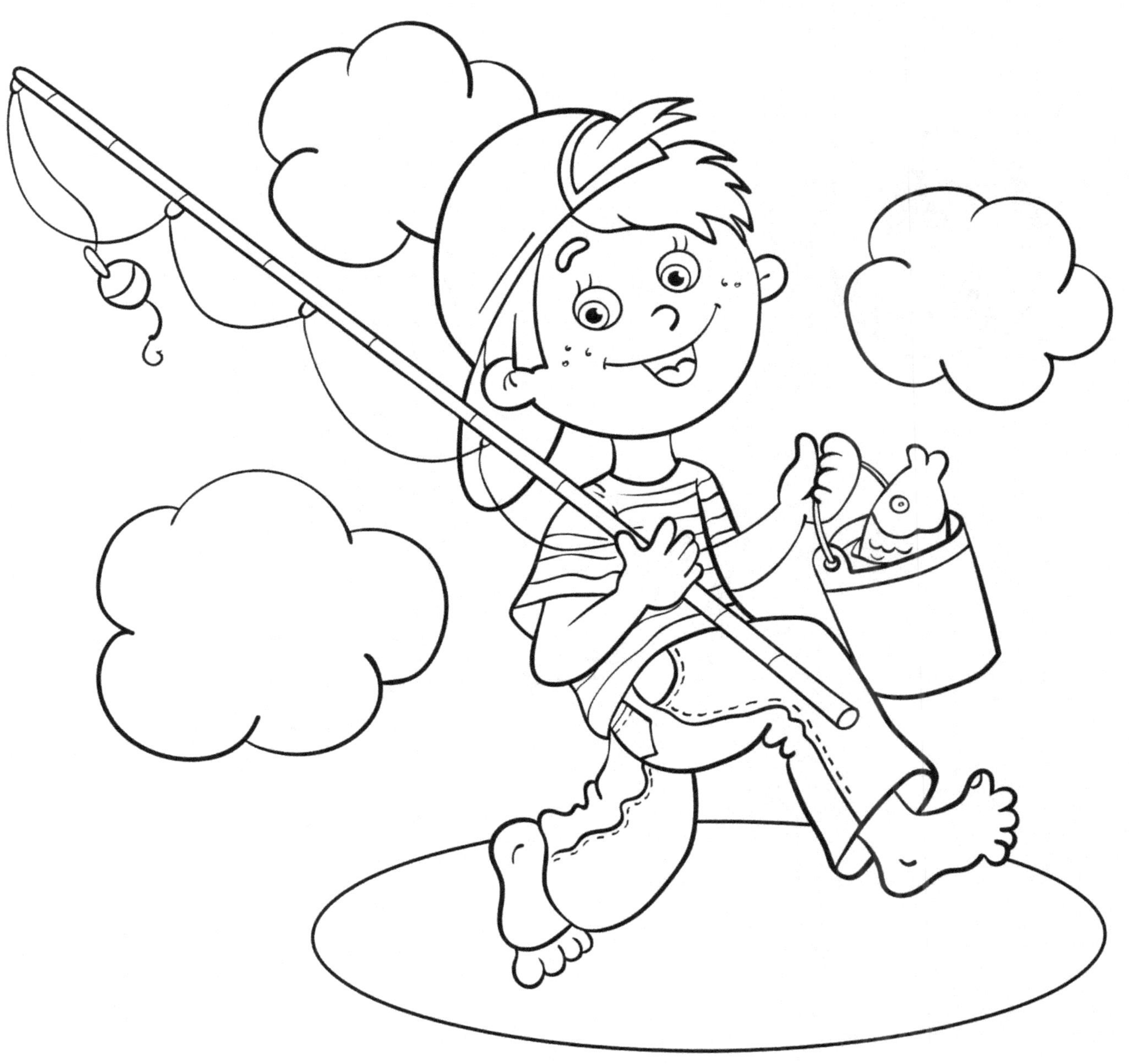

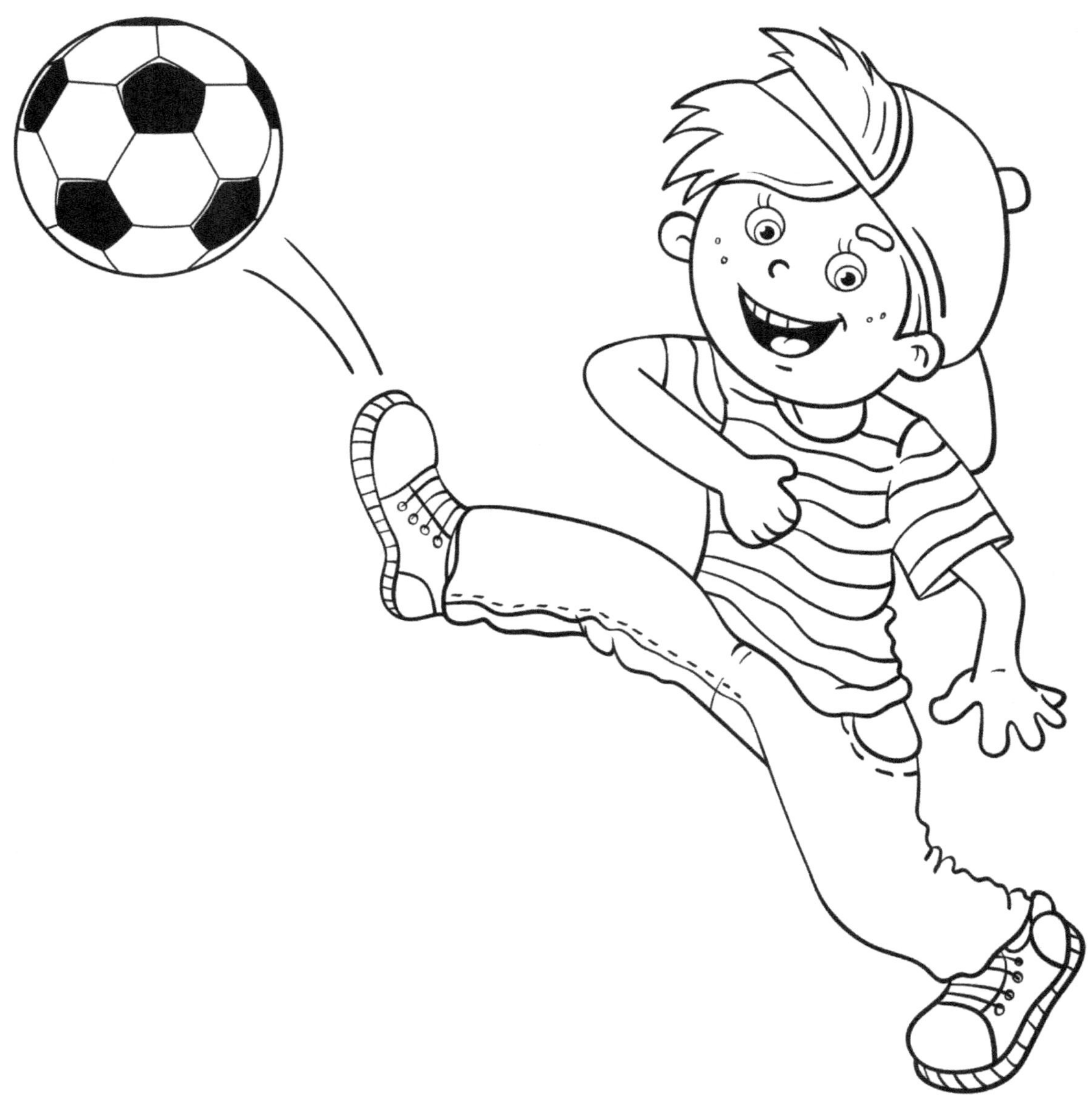

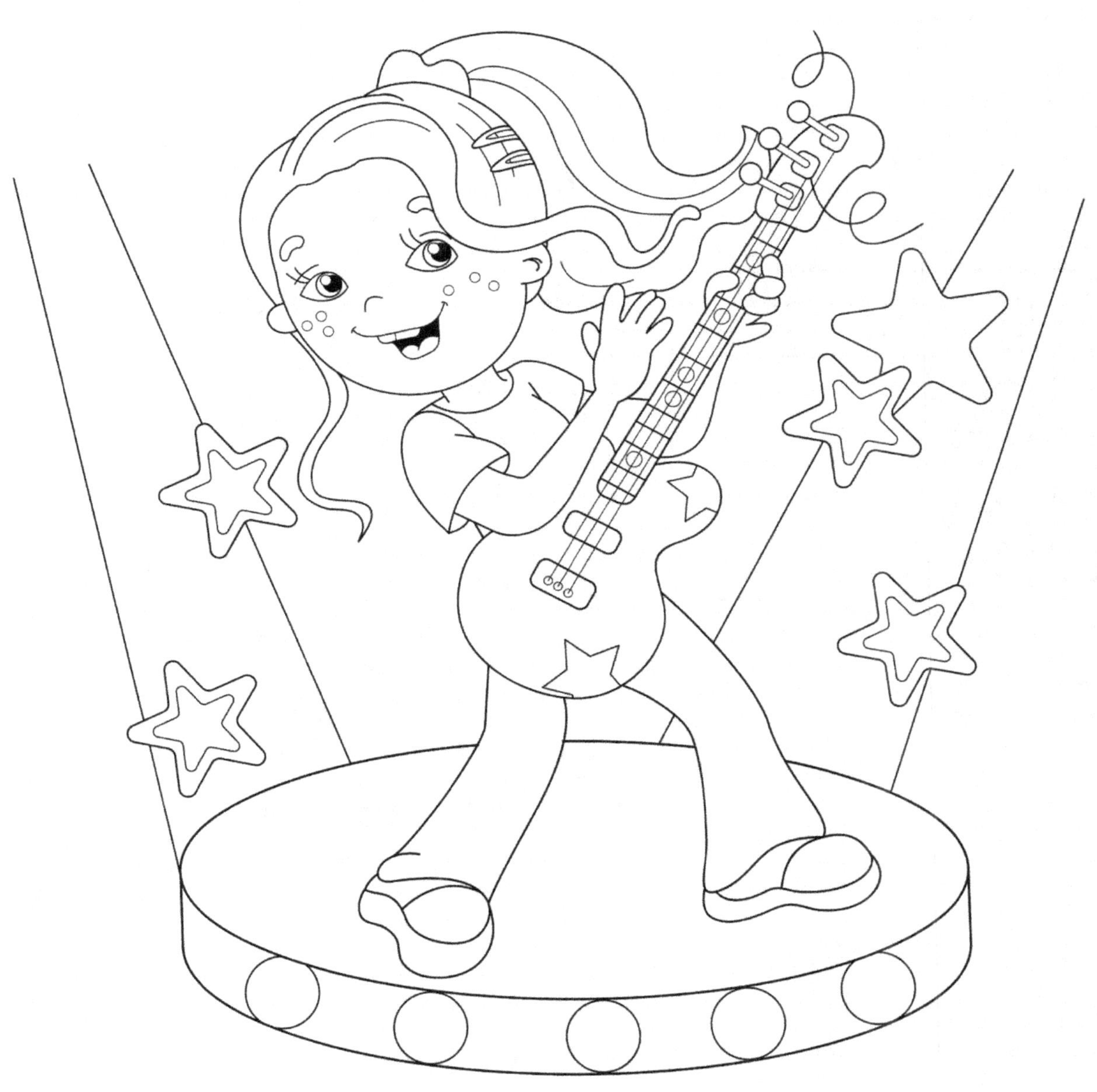

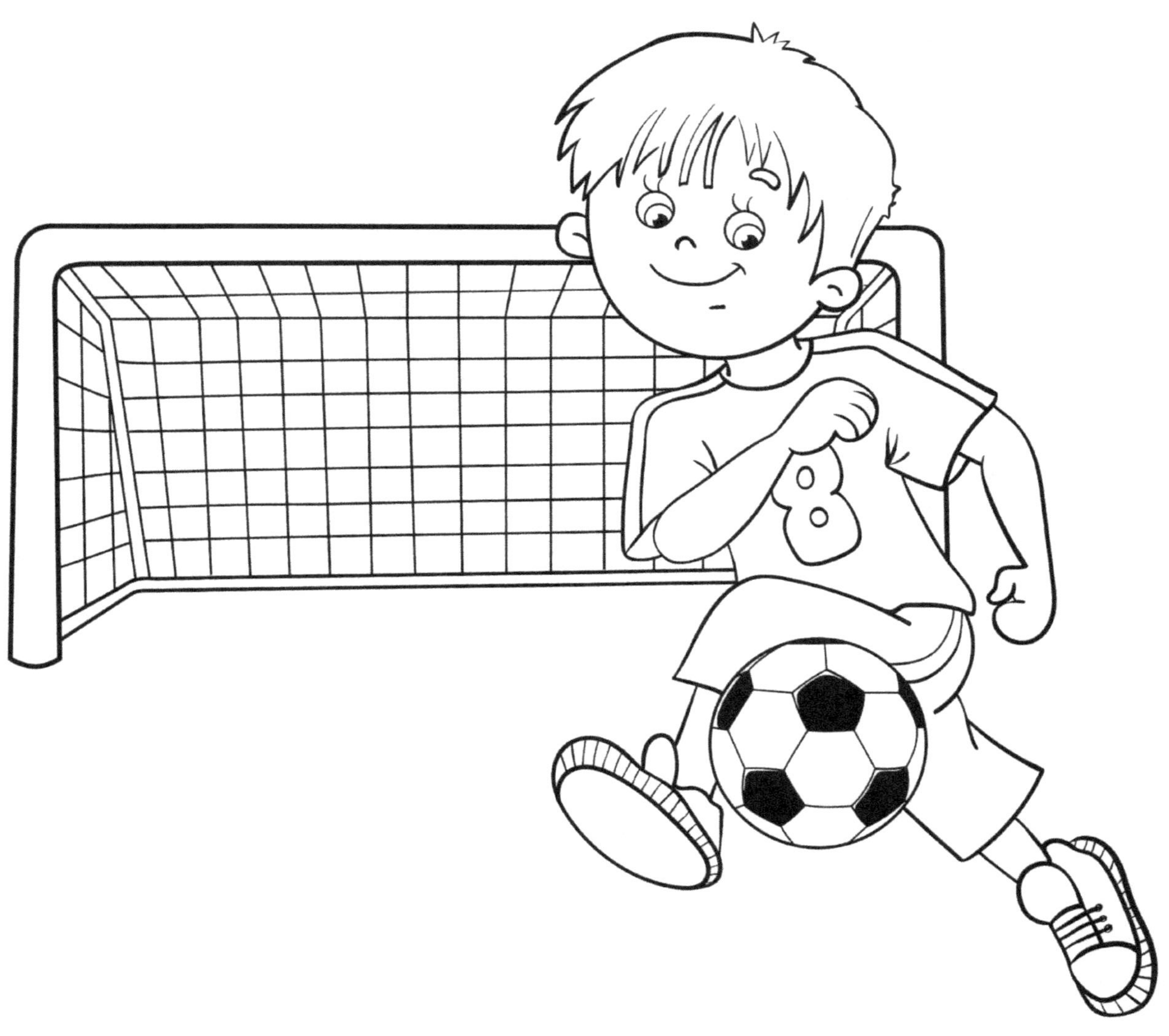

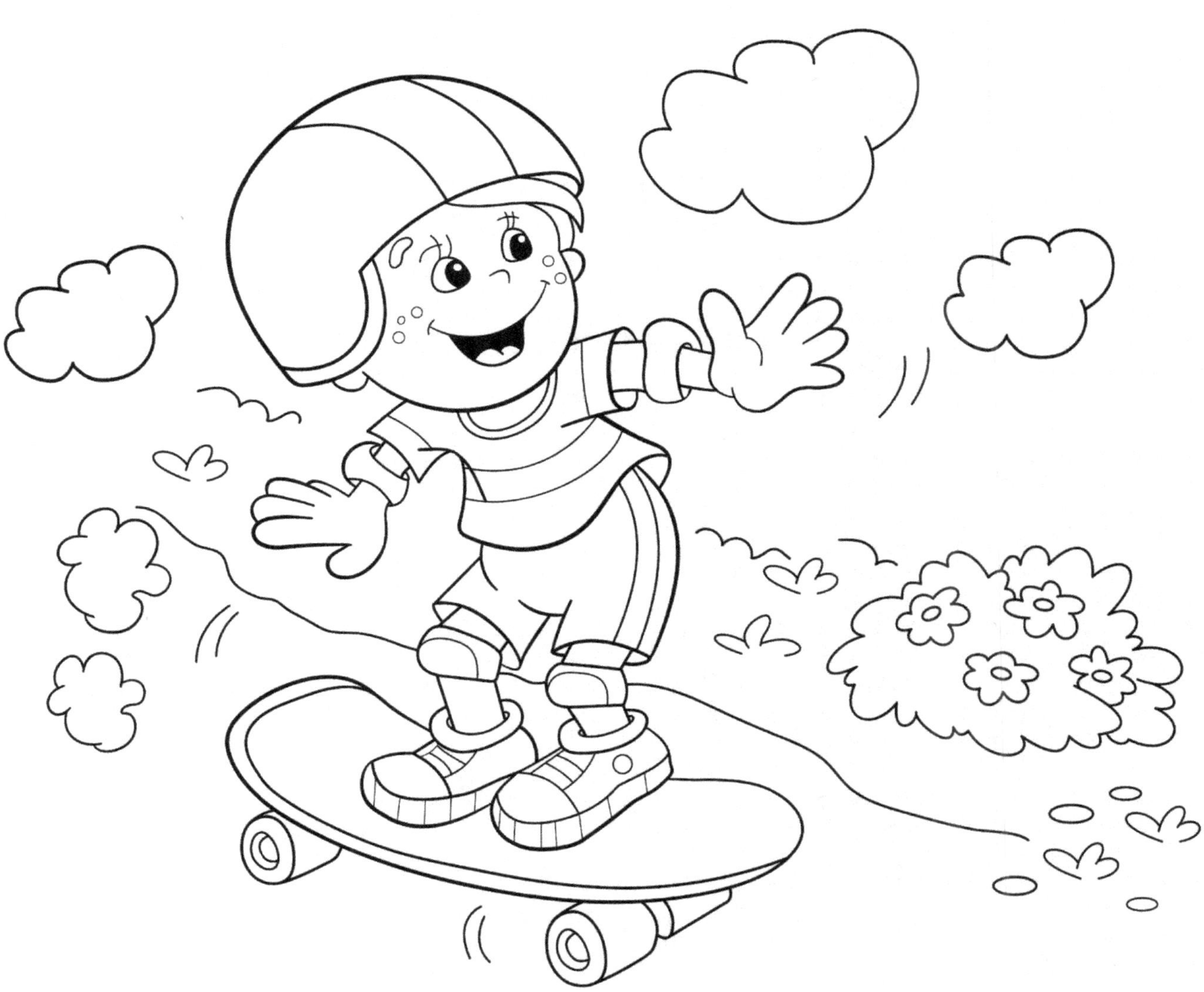

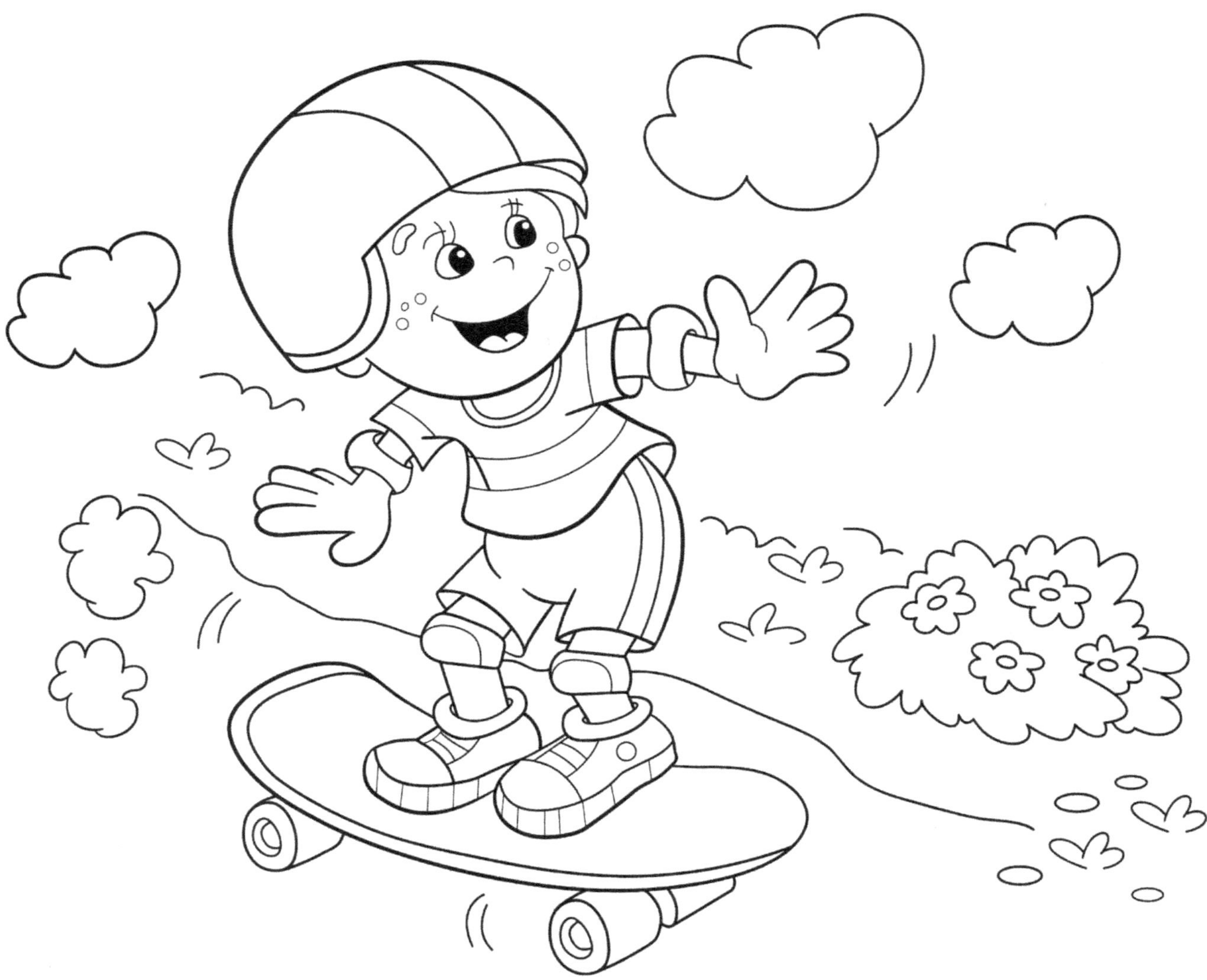

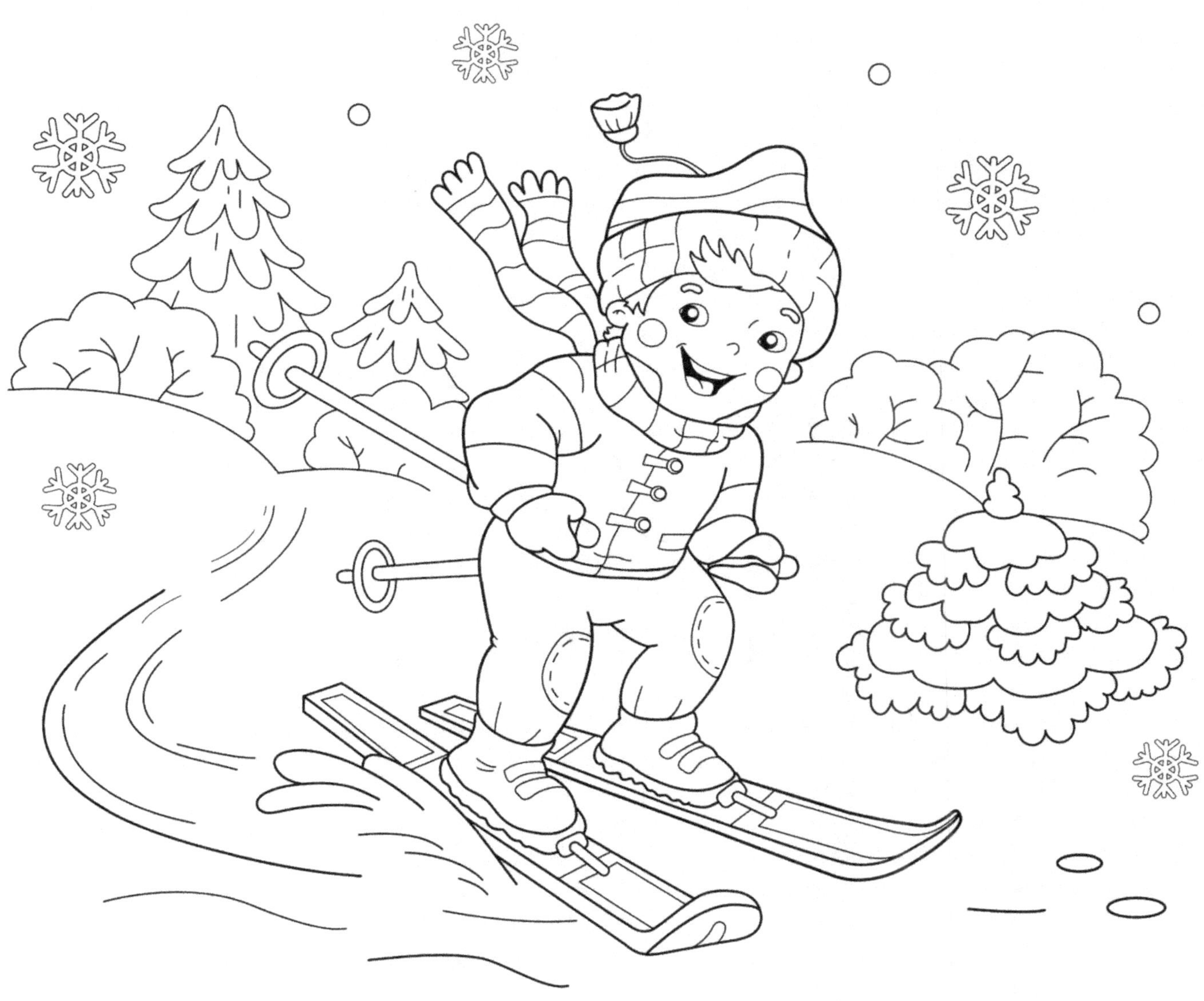

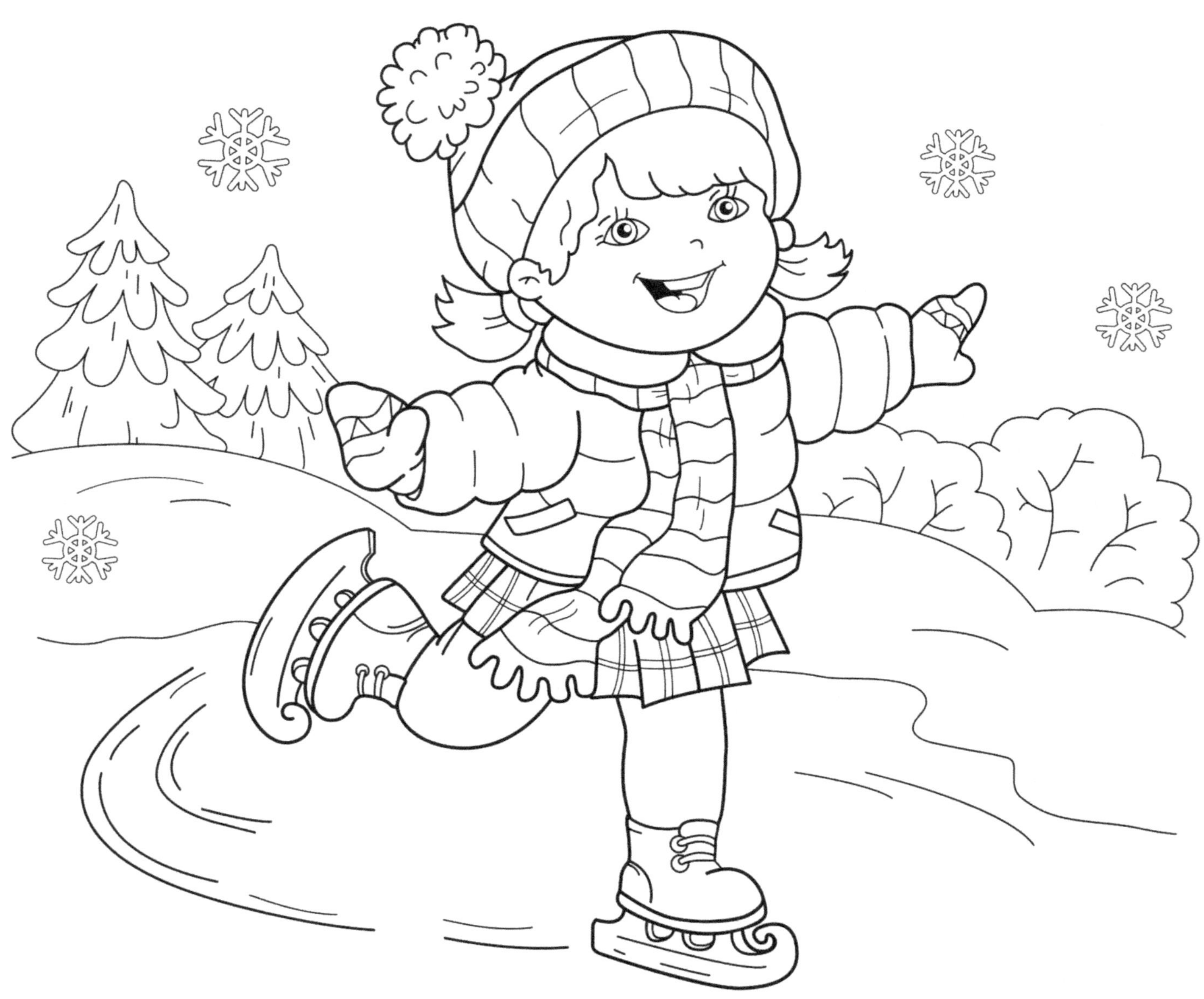

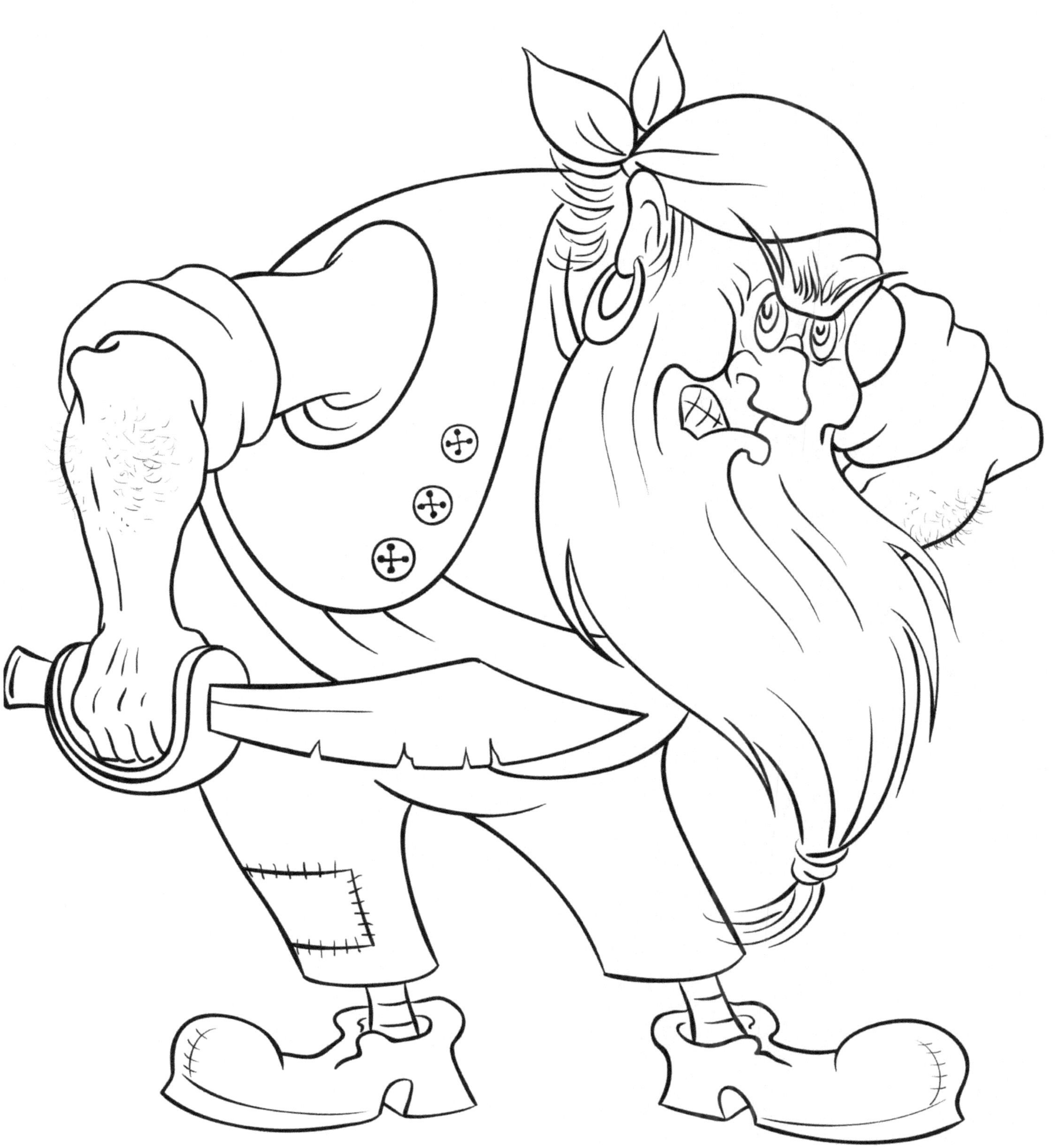

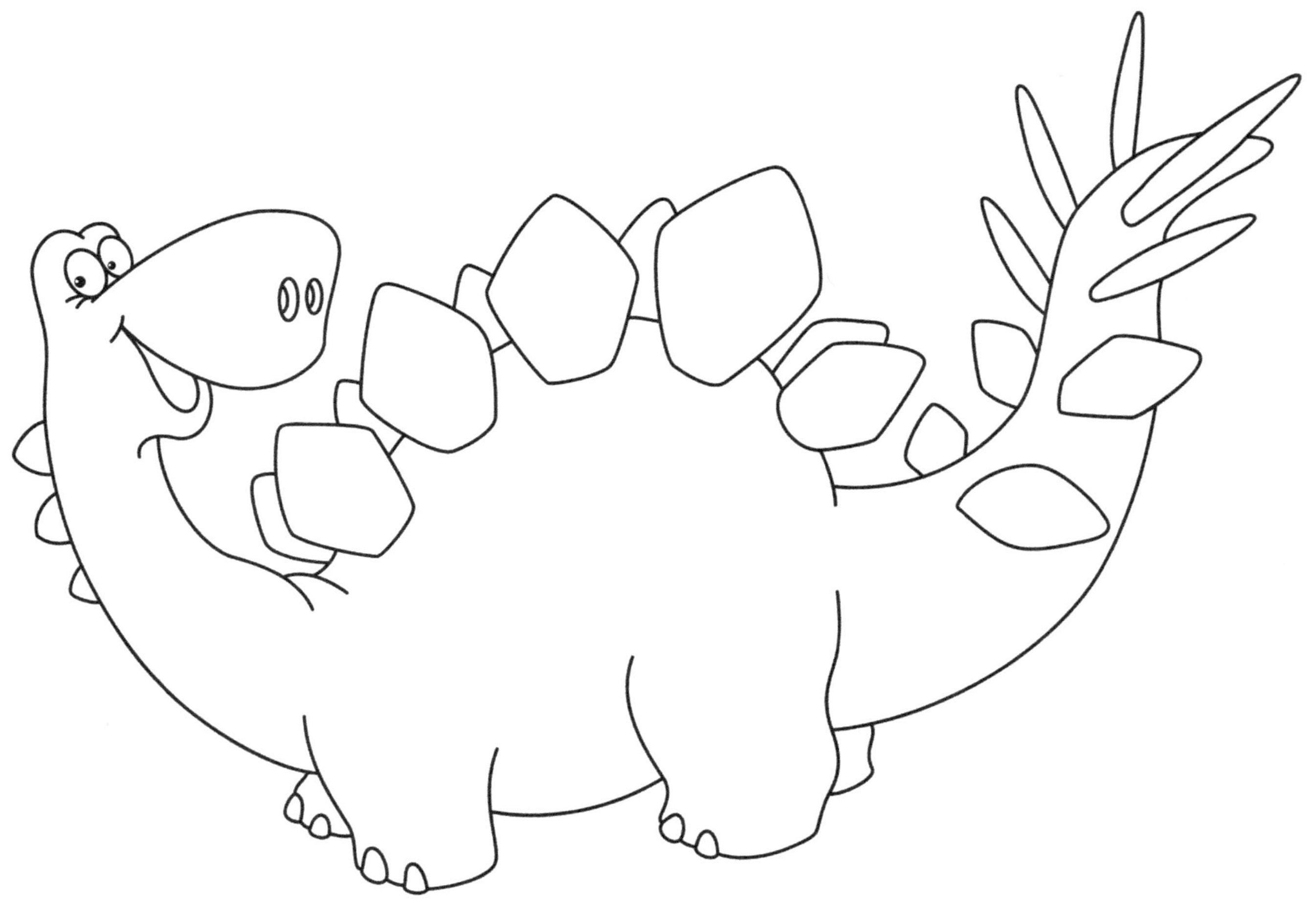

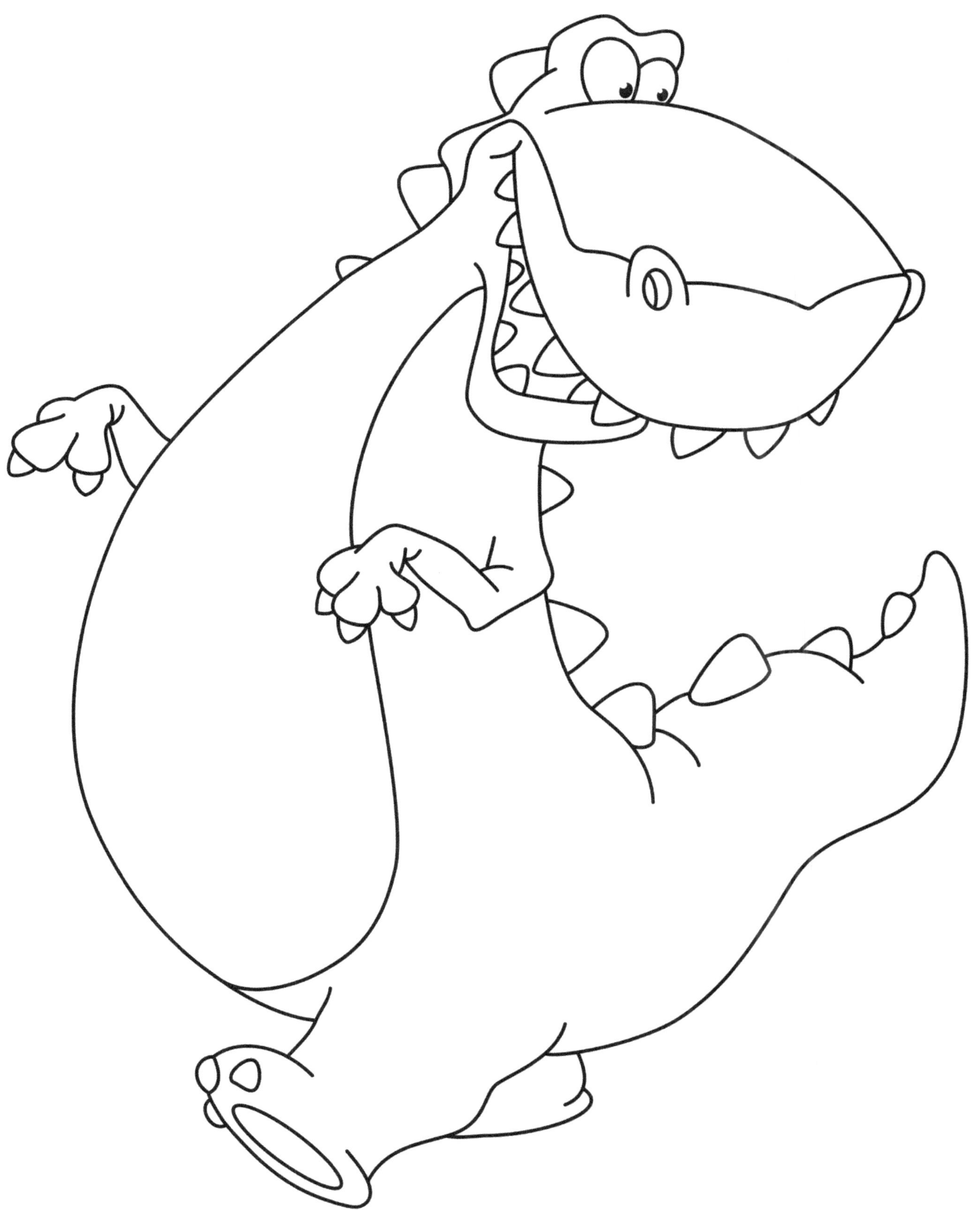

9 781635 894981